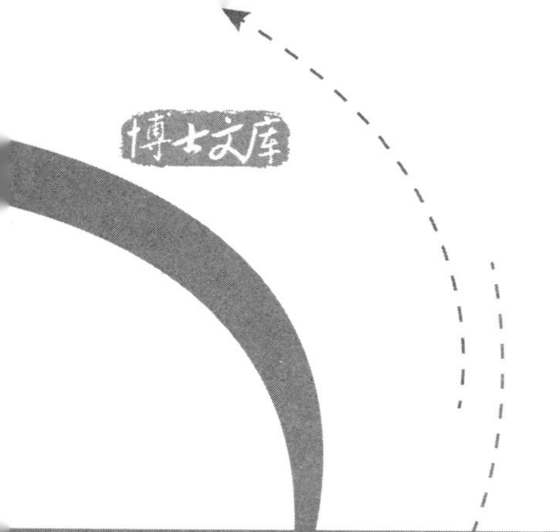

我国城镇化模式研究

WOGUO CHENGZHENHUA MOSHI YANJIU

雷霞　唐雪冬　王静　李成蹊◎著

四川大学出版社

责任编辑:敬铃凌
责任校对:黎伟军
封面设计:严春艳
责任印制:王　炜

图书在版编目(CIP)数据

我国城镇化模式研究 / 雷霞等著. —成都：四川大学出版社，2018.5
ISBN 978-7-5690-1869-1

Ⅰ.①我… Ⅱ.①雷… Ⅲ.①城市化-研究-中国 Ⅳ.①F299.21

中国版本图书馆 CIP 数据核字（2018）第 107030 号

书名　**我国城镇化模式研究**

著　　者　雷　霞　唐雪冬　王　静　李成蹊
出　　版　四川大学出版社
地　　址　成都市一环路南一段 24 号 (610065)
发　　行　四川大学出版社
书　　号　ISBN 978-7-5690-1869-1
印　　刷　成都市兴雅致印务有限责任公司
成品尺寸　146 mm×210 mm
印　　张　9.5
字　　数　218 千字
版　　次　2018 年 7 月第 1 版
印　　次　2018 年 7 月第 1 次印刷
定　　价　46.00 元

◆读者邮购本书,请与本社发行科联系。
电话:(028)85408408/(028)85401670/
(028)85408023　邮政编码:610065
◆本社图书如有印装质量问题,请
寄回出版社调换。
◆网址:http://www.scupress.net

前言

本书是对我国城镇化进程中城镇化模式的发展演变规律的探讨和总结，旨在为从事城镇化研究的相关人员提供参考，也可作为推进城镇化工作的决策依据。

城镇化模式是城镇化发展进程中的重要组成部分，也是为实现城镇化目标而采取的方法和手段。任何国家或地区的城镇化在实现过程中都必然出现一种或几种城镇化模式，城镇化的实现也离不开城镇化模式的选择。因此，研究城镇化模式的发展演变规律，不仅可以完善城镇化相关理论体系，而且可以为城镇化的推进工作提供决策依据。

我国城镇化历经40年的高速发展，实现了城镇化率过半的伟大成就。然而，城镇化在高速发展的过程中出现了诸如半城镇化、土地利用粗放、城镇分布与资源环境承载力不匹配、城市病、自然历史文化遗产保护不力以及机制体制不健全等亟待解决的问题；而其他国家的城镇化发展经验告诉我们，城镇化率过半以后城镇化速度将放缓，城市问题与社会矛盾也将在此时达到矛盾激发的关键点。旧的问题尚待解决，新的问题又将出现，我国的城镇化步入了历史关键时期。与此同时，我国经济也进入新常态，经济增速由高速增长步入次高速增长阶段，经济结构由以第二产业为主导的产业结构转变为以第三产业为主导的产业结构；以出口和投资为导向的传统制造业主导的经济发展模式难以为继，消费逐步成为促进我国经济增长的中坚力量。在城镇化发展进入关键时期、经济发展进入新常态的新时代，城镇化模式的选择显得尤为重要。

鉴于城镇化模式及其选择在理论与现实中的重要性，本书试图探讨城镇化模式的一般演变规律，并借鉴国外发展经验，针对我国城镇化模式的特点及问题，考虑新时代下我国经济社会发展特别是城镇化发展对城镇化模式的宏观要求，提出选择城市群发展模式的建议。本书共计八章，合约21.8万字。其中，雷霞、唐雪冬、王静以及李成蹊共同完成本书的框架结构安排，唐雪冬和王静负责全书的统稿与修改。雷霞承担了第三章、第六章的第二节、第三节、第四节以及第八章的撰写工作，共计5.7万字；唐雪冬承担了第四章、第五章第一节的撰写工作，共计5.7万字；王静承担了第二章的第二节、第三节、第五章的第二节、第三节、第四节以及第七章的撰写工作，共计5.3万字；李成蹊承担了第一章、第二章的第一节和第六章的第一节的撰写工作，共计5.1万字。

本书在撰写过程中得到了四川大学经济学院博士生尹传斌、四川大学出版社编辑敬铃凌的大力支持，笔者在此向他们表示深深的感谢。

城镇化模式所涉及的学科较多，内容繁杂，本书仅为一种尝试，若能丰富城镇化理论体系、提供推进城镇化健康发展的决策依据，笔者当备感荣幸。由于作者水平有限，错漏和不足在所难免，欢迎广大读者批评指正。

作　者

2017年12月25日于成都

Contents 目录

1 绪论

2 城镇化及城镇化模式的基础理论和基本内涵

3 城镇化模式的发展机理

4 国外城镇化模式分析

5 我国城镇化模式的发展分析

6 我国城镇化发展模式的选择——城市群发展模式

7 积极推进城市群发展模式的政策建议

8 主要结论及研究展望

1 绪论

1.1 选题背景及研究意义

城镇化是非农产业不断向城镇集聚、非农人口不断向城镇转移、农村景观不断转化为城市景观、农村文明逐步被城市文明取代的动态过程。根据《国家新型城镇化规划（2014—2020年）》，从1978年到2013年，历经三十多年的发展，我国的城镇化率（城镇常住人口占中国总人口的比例）已从17.9%提高至53.7%，城镇化率每年平均提升1.02%；城市及建制镇的数量从193个、2173个分别提升至658个、20 113个；此外，我国还形成了长三角、珠三角以及京津冀等城市群。城镇化的快速发展吸纳了大量农村剩余劳动力，提高了生产要素配置效率，促进了国民经济发展，同时带来了社会结构的深刻变革，总的来说，我国城镇化取得的成就举世瞩目。但是，在我国城镇化快速发展的同时，也出现了一些问题和矛盾。例如，大量农民工未能融入城镇社会的半城镇化现象突出，市民化进程滞后；土地城镇化快于人口城镇化，建设用地的利用方式粗放、效率低下；城镇空间分布及规模结构不合理，与资源环境承载力不匹配；城镇管理服务水平不高，城市病突出；城镇建设缺乏特色，原有自然历史文化遗产保护不力；城乡二元体制下的体制机制不健全，阻碍了城镇化的健康发展；等等。[1]纵观其他国家的城镇化发展历程，城镇化模式在城镇化过程中扮演了重要角色，不同国家的城镇化模式并不相同，城镇化模式对城镇化进程以及经济发展的作用效果也不相同。在城镇化率过半、城镇化速度减缓的情况下，如何选择城镇化模式成为我国城镇化过程中的重要议题。

在我国城镇化发展进入关键时期的同时，经济发展也进入关键时期。目前，我国人均收入已超过5000美元，业已步入中等收入国家行列，在迈向富裕国家的同时，也处于面对“中等收入国家陷阱”问题阶段[2]。2012年以来，经济增速放缓，国内生产总值增速由过去的9%、10%降至8%以下[3]，经济进入次高速增长阶段；其中，全国投资增速持续走低，出口一度出现负增长，拉动经济增长的两驾马车面临前所未有的挑战。在经济进入次高速增长阶段的同时，经济结构也在发生变化，第三产业产值比重逐年上升，逐步取代第二产业成为促进经济增长的首要力量；同时，消费对经济的贡献也越来越重要，2014年上半年度，最终消费甚至超过投资与出口，成为拉动经济增长的首要力量[4]。经济增速换挡的压力表明，靠出口和投资拉动的传统制造业主导的经济发展模式难以为继；经济结构的调整则表明，消费将逐步成为促进我

1 国家发展与改革委员会. 国家新型城镇化规划（2014—2020年）[OL]. http://www.ndrc.gov.cn/fzgggz/fzgh/ghwb/gjjh/201404/t20140411_606659.html.

2 李克强. 协调推进城镇化是实现现代化的重大战略选择[J]. 行政管理改革，2012（11）.

3 国家统计局. 数据查询[OL]. http://data.stats.gov.cn/.

4 国家统计局. 数据查询[OL]. http://data.stats.gov.cn/.

国经济增长的中坚力量。而城镇化的推进，则是创造需求、带动消费进而促进经济增长的最有效的途径，因为城镇化战略不仅有助于扩大内需水平，更有助于内需结构的调整。[1]鉴于城镇化战略对目前我国经济转型的重要作用，党的十八大报告将城镇化提到了前所未有的高度，提出“工业化、信息化、城镇化和农业现代化成为全面建设小康社会的载体”，要“推进经济结构战略性调整……必须以……推进城镇化为重点，着力解决制约经济持续健康发展的重大结构性问题”。所以，城镇化的顺利推进还是关系到经济结构调整的重大事情。作为城镇化的主体形态，城镇化模式的选择不但影响城镇化的速度与质量，也在经济结构调整、产业发展的过程中扮演着重要角色。

正如诺贝尔经济学奖获得者斯蒂格利茨在2000年所言，中国的城镇化将是影响人类21世纪的两件大事之一[2]。未来一段时间内，我国城镇化的发展、城镇化模式的选择不仅关系到城镇化本身能否持续健康发展，而且还关系到我国经济能否成功转型。鉴于城镇化模式的重要现实意义，学者们对我国城镇化模式进行了大量研究，整理了城镇化模式的种类，并对各类城镇化模式的特征进行了分析，还对我国城镇体系以及我国城镇规模的演化进行了定量和定性分析，在此基础之上，还针对我国现有城镇化模式中存在的问题提出解决措

1　黄吓珠. 中国城镇化与内需增长的互动关系——基于1978—2011年数据的VAR 模型分析[J]. 湖南农业大学学报（社会科学版），2013（5）.

2　吴良镛，吴唯佳，武廷海. 论世界与中国城市化的大趋势和江苏省城市化道路[J]. 科技导报，2003（9）.

施，并对未来我国城镇化模式的选择提出建议，等等。

但是，我国城镇化模式的理论体系远未完善，有关我国城镇化适用的模式也争议尚存。所以，分析城镇化模式的发展机理，借鉴他国经验，并结合我国现有城镇化模式中出现的问题，分析适合我国特殊国情的城镇化模式，对于丰富完善我国城镇化理论体系、选择并确定未来我国城镇化发展模式而言，不仅具有重要的理论意义，还具有重要的现实意义。

1.2 文献综述

1.2.1 我国城镇化模式的相关研究

1.2.1.1 国内关于我国城镇化模式的研究现状

1.2.1.1.1 城镇化模式的选择

对于何种城镇化模式更利于城镇化的发展，学界看法不一，主要包括大城市论、小城镇论、中等城市论以及多元发展论。

主张大城市论的学者们认为，由于集聚效应，相比小城镇，大城市的发展有利于提高经济效益和资源利用效率，特别是能够节约土地资源；同时，大城市还是以先进制造业和现代服务业为代表的现代经济发展的最佳载体，是国民经济发展的增长极；此外，大城市的发展还能避免小城镇分散发展带来的农村病，也更符合可持续发展的要求；再加之大城市超前发展是世界各国的普遍规律，所以，应该大力发展大城市[1]。从城市规模收益的角度来说，对中国600多个城市的集聚效应（规模收益）和外部成本的比较分析表明：净规模收益最高的城市为人口规模在100万～400万之间的大城市；人口规模不在此区间的城市，其净规模收益递减；而人口规模小于10万的城市，无净规模收益[2]。从产业结构和城市规模对城市经济效益的协同影响来说，以我国所有城市的生产性服务业—制造业比例均值为基准的城市非农人口最优规模为245万人[3]。

主张小城镇论的学者们认为，小城镇是解决农村问题的出路[4]，是农村社会经济发展的客观要求，也是走中国特色城市化道路的唯一正确选择[5]。20世纪80年代乡镇企业发展所带动的小城镇发展成为我国城镇化发展过程中的特色和亮点，小城镇的快速发展已是既成事实，继续推进小城镇发展既有现实需求也有相应条件；小城镇的发展可以连接城市和乡村，促进农村第二产业和第三产业的发展，吸纳大量农村剩余劳动力；小城镇的发展门槛低，其主要依靠乡镇企业和地

1 简新华，何志扬，黄锟. 中国城镇化与特色城镇化道路[M]. 济南：山东人民出版社，2010.

2 王小鲁，夏小林. 优化城市规模，推动经济增长[J]. 经济研究，1999（9）.

3 柯善咨，赵曜. 产业结构、城市规模与中国城市生产率[J]. 经济研究，2014（4）.

4 费孝通. 中国城镇化道路[M]. 呼和浩特：内蒙古人民出版社，2010.

5 朱选功. 城市化与小城镇建设的利弊分析[J]. 理论导刊，2000（4）.

方收入，无须国家过多财力的投入，符合我国资金并不充裕的基本国情[1]；小城镇还是缓解农村人口向大城市过度集中的蓄水池，从而缓解人口快速向城市集聚给城市基础设施及公共服务造成的压力，能够有效避免城市病[2]。此外，重点推进小城镇建设还可以克服户籍制度导致的城镇化速度放缓早于"刘易斯第二拐点"到来所带来的压力[3]。

主张中等城市论的学者认为，无论大城市还是小城镇，都有无法克服的弊端，只有中等城市才能平衡各种规模城市的利弊，进而成为中国城市发展的重点[4]。作为中等城市的代表，县级城市因为是联系城乡的关键节点，具有承上启下的作用，所以县级城市是兼顾经济效率和城乡公平的最佳切入点，而向县级城市倾斜的政策也更有利于大城市地区的发展，重点支持县级城市的发展将是我国城镇发展的最佳选择；发达地区县级城市的发展实践也表明，县级城市或在事实上成为其所在区域城乡一体化的主导，或被专家学者建议成为城乡一体化的主导[5]。

主张大中小城市及小城镇结合发展的多元发展论认为，不存在统一的能被普遍接受的最优城市规模，城镇体系永远

---

1 简新华，何志扬，黄锟. 中国城镇化与特色城镇化道路[M]. 济南：山东人民出版社，2010.

2 费孝通. 中国城镇化道路[M]. 呼和浩特：内蒙古人民出版社，2010.

3 王宏利，周斌. 中国城市化放缓的过程及其应对措施[J]. 农村经济，2011（11）.

4 陈浩，张京祥，周晓路. 发展模式、供求机制与中国城市化的转轨[J]. 城市与区域规划研究，2012（2）.

5 殷广卫，薄文广. 基于县级城市的城乡一体化是我国城市化道路的一种政策选择[J]. 中国软科学，2011（8）.

是由大中小城市以及小城镇组成的，各级城镇的发展都有其客观要求，城镇规模单一取向的城镇发展建设是没有抓住问题的关键[1]。因为，我国的经济发展和人口分布不均衡，无论是哪一种模式、哪一种途径的城镇规模都无法解决庞大的农村剩余劳动力与有限的城镇吸纳能力之间的矛盾，所以，应该根据区域条件不同，采取不同的城镇化发展战略[2]，大中小城镇并举、结构合理、搭配适当的多元化城镇化道路才更符合中国城镇化的客观要求[3]。

1.2.1.1.2 城市群的培育与发展

随着城镇化的不断深化发展，城市群发展成为城镇化模式的最新趋势，相关学者也对城市群进行了研究。

我国对城市群的研究始于20世纪80年代对城市群内涵的界定，从“多经济中心的城市区域”[4]到“特定地域范围内具有相当数量的不同性质、类型和等级规模的城市群，依托一定自然环境条件，以一个或两个特大或超大城市作为地区经济的核心，借助现代化的交通工具和综合运输网的通达性，以及高度发达的信息网络，发生于发展着的城市个体之间的内在联系，共同构成的一个相对完整的城市集合体”[5]，再到“集中在某一区域，交通通信便利、彼此经济社会联系密

1 周一星. 城市地理学[M]. 北京：商务印书馆，1995.

2 王克忠，周泽红，孙仲彝，朱惠霖. 论中国特色城镇化道路[M]. 上海：复旦大学出版社，2009.

3 朱铁臻. 城市化是新世纪中国经济高增长的强大动力[J]. 经济界，2000（1）.

4 宋家泰. 城市—区域与城市区域调查研究——城市发展的区域经济基础调查研究[J]. 地理学报，1980（4）.

5 顾朝林，等. 中国城市地理[M]. 北京：商务印书馆，1999.

切而又相对独立的若干城市或城镇组成的人口与经济集聚区”[1]，再到“以1个特大城市为核心，由至少3个以上都市圈（区）或大城市为基本构成单元，依托发达的交通通信等基础设施网络，所形成的空间相对紧凑、经济联系紧密并最终实现同城化和高度一体化的城市群体”[2]，我国学者对城市群的认识逐渐发生变化，但总的来说，高度一体化与同城化为学者们对城市群内涵达成的一致共识[3]。

在城市群空间范围的划定与识别过程中，有十大定量标准：（1）城市群内都市圈或大城市数量不少于3个，且至少有1个超大城市或特大城市为核心城市；（2）人口总规模大于等于2000万人；（3）城镇化率高于60%；（4）人均国内生产总值大于10 000美元，处于工业化中后期；（5）经济密度大于1500万元人民币/平方千米；（6）综合运输通道高度发达，形成半小时、一小时以及两小时经济圈；（7）非农产业比值高于70%；（8）核心城市地区生产总值中心度不小于45%，且具有跨省级辐射能力；（9）经济外向度高于30%，具有世界经济中性转移承载地功能；（10）相似的人文、自然地理环境以及文化环境，各城市的地域文化认同感高于70%[4]。

1　倪鹏飞．中国城市竞争力报告[M]．北京：社会科学文献出版社，2008.

2　方创琳，毛其智，倪鹏飞．中国城市群科学选择与分级发展的争鸣及探索[J]．地理学报，2015（4）.

3　方创琳，鲍超，马海涛．2016中国城市群发展报告[M]．北京：科学出版社，2016.

4　方创琳，鲍超，马海涛．2016中国城市群发展报告[M]．北京：科学出版社，2016.

相关学者利用SBM-DEA（Slacks-Based Measure-Data Envelopment Analysis）模型对城市群内部与外围的效率进行分析发现，多数城市群的平均效率高于外围城市，因为城市群的纯技术效率较高，而规模效率低于外围城市[1]。在分析城市集群程度对城市群经济发展的影响时，他们利用1997—2012年地级及以上城市的面板数据测算城市群的经济增长效应，结果发现城市集群能够促进城市经济的发展，但是在不同区域，城市集群的增长效应各不相同；其中，经济活动不太活跃的区域城市集群的增长效应明显，相反，在经济较为活跃的区域城市集群的增长效应较弱，且交通发展能改善城市集群的增长效应[2]。而以集中—分散以及单中心—多中心空间变量描述空间集聚程度、以人均产出代表城市经济效率、采用C-D函数对我国十大城市群1994—2013年的空间集聚与经济增长的关系分析表明，城市群的空间结构会对经济产生显著影响，空间及结构较为集中的城市群其经济效率较低，多中心城市群的经济效率更高，且城市规模是影响经济效率的重要变量[3]。但是，采用稳健性局部加权回归分析对1995—2010年我国20个城市群的空间集聚与经济增长之间的关系的研究表明，城市的人口集聚与经济增长没有显著关系，经济集聚与经济增长之间的关系整体

1 戴永安，张友祥. 中国城市群内部与外围的效率差异及其影响因素——基于DEA模型的分析[J]. 当代经济研究，2017（1）.

2 原倩. 城市群是否能够促进城市发展[J]. 世界经济，2016（9）.

3 苗洪亮，曾冰，张波. 城市群的空间结构与经济效率：来自中国的经验证据[J]. 宁夏社会科学，2016（5）.

上符合倒U形假说[1]。

学者利用Malmquist-DEA法对我国2000—2013年间13个典型城市群的分析发现，城市群的整体经济效率有明显进步，但空间分布不均，通过规模扩张和资源配置优化所带来的正效应一定程度上被科技进步的滞后所抵消，只有京津冀、长三角以及珠三角靠科技进步促进了经济发展[2]。而利用VRS-DEA法对我国2009—2013年间13个典型城市群的分析发现，我国城市群的经济效率处于波动状态，超过一半的城市群具备继续扩规模的潜力，城市群的劳动力冗余最多，其资源平均利用率为80%左右；东部地区城市群综合管理能力与资源配置能力最强，中部地区规模集聚效应略微领先，西部地区各方面都比较落后[3]。

1.2.1.1.3 城镇体系

城镇体系是一定区域范围内，由不同规模、不同功能却又密切联系的一系列城镇所组成的具有纵向层次关系和横向并列关系的有机整体。

从全国范围来看，我国城市分布符合齐普夫定律[4]，工业

1 李佳洺，张文忠，孙铁山，张爱平. 中国城市群集聚特征与经济绩效[J]. 地理学报，2014（4）.

2 黄金川，林浩曦，陈明. 2000—2013年中国城市群经济绩效动态实证分析——基于DEA和Malmquist生产率指数法[J]. 地理科学进展，2017（6）.

3 林东华. 基于DEA的中国城市群经济[J]. 北京理工大学学报（社会科学版），2016（6）.

4 高鸿鹰，武康平. 我国城市规模分布Pareto指数测算及影响因素分析[J]. 数量经济技术经济研究，2007（4）.

化、产业结构以及运输能力对城镇规模分布具有显著影响[1]。根据包含集聚效应的城市总量C-D函数模型，采用OLS方法估算发现，我国城镇平均集聚效率指数的高低与城镇规模分布比重的变动相一致[2]；但是，利用GMM方法分析的我国城市的集聚效应显示，我国的城市规模分布过于均匀，存在进一步集聚的必要性及可能性[3]。近年来，我国城镇规模结构变化剧烈，大城市比重显著增加，导致这一变化趋势的重要因素是城市经济的集聚效应和集聚效率：我国百万以上大城市的城市经济集聚效应较高，各类经济主体在集聚效应和集聚效率的影响下，自主选择向大城市集聚，故而大城市的比重快速增加[4]。但是，由于东中西部地区的发展差距较大，不同地区的城镇规模分布呈现出不同特征。虽然，东中西部地区的城镇规模都服从齐普夫定律，但是，东部地区的城市集聚度高于全国平均水平，也高于中西部地区的城市集聚度[5]。从区域的角度来看，在以省为单位的城镇体系中，对全国各省的城市体系进行分析得出，城市首位率与经济增长的关系呈倒U形，推进城市体系的集聚要加大发展城市体系中除首位城市以外的其他大城市，从而分摊首位城市的份额，促进更

1　高鸿鹰，武康平. 我国城市规模分布Pareto指数测算及影响因素分析[J]. 数量经济技术经济研究，2007（4）.

2　高鸿鹰，武康平. 集聚效应、集聚效率与城市规模分布变化[J]. 统计研究，2007（3）.

3　余宇莹，余宇新. 中国地级城市规模分布与集聚效应实证研究[J]. 城市问题，2012（7）.

4　高鸿鹰，武康平. 集聚效应、集聚效率与城市规模分布变化[J]. 统计研究，2007（3）.

5　余宇莹，余宇新. 中国地级城市规模分布与集聚效应实证研究[J]. 城市问题，2012（7）.

为均匀的城市规模分布，最终形成具有更多大城市布局的城市体系[1]。不过，随着全球一体化、信息化以及新型工业化的发展，经济社会的发展已经打破行政界限，形成了一批依托特大城市而存在的城市群[2]。根据“等级钟”理论、位序—规模法则以及首位度理论，对1999—2013年京津冀地区的人口数据进行分析，发现从2006年开始，京津冀地区的大中小城市位序逐渐明了，城市体系基本形成，但是，京津冀城市群中的城市规模呈明显发散增长趋势，首位城市北京的虹吸效应过大，阻碍了中小城市的发展；而自然生长力、内生推动力、政府调控力、市场驱动力以及事件影响力构成了城市群发展的推动力[3]。与日本、韩国等国类似的发展阶段相比较，我国长三角地区城市群的核心城市与非核心城市人口集聚梯度不合理，核心城市在城镇体系中的中心城市功能不明显，核心城市的第三产业发展水平有待提高，整个区域的产业结构有待优化[4]。

1.2.1.1.4 城镇规模演化

农业的发展为城镇人口规模的增加提供了基础条件，集中、大规模生产的工业化是城镇规模增大的基本推力，城乡

1 谢小平，王贤彬. 城市规模分布演进与经济增长[J]. 南方经济，2012（6）.

2 方创琳. 中国城市群形成发育的新格局及新趋向[J]. 地理科学，2011（9）.

3 王振坡，张颖，翟婧彤，王丽艳. 京津冀城市群城市规模分布演进机理研究[J]. 北京联合大学学报（人文社会科学版），2016（2）.

4 许庆明，胡晨光，刘道学. 城市群人口集聚梯度与产业结构优化升级——中国长三角地区与日本、韩国的比较[J]. 中国人口科学，2015（1）.

差距是促进城镇规模增长的主要拉力；此外，国际贸易和外资投入也助推了我国城镇规模的增长；最后，乡镇企业发展与制度变迁则是我国城镇规模格局变化的现实原因[1]。工业化引起产业结构从第一产业向第二产业和第三产业迅速转移，结果导致就业结构非农化，进而促进人口向城镇迁移和集中，促进城镇规模的扩大[2]。采用静态面板模型和动态面板估计方法对2001—2010年长三角16个城市的面板数据进行分析发现，在对外开放经济条件下，本地市场和国际市场共同驱动下的产业集聚是城市规模增长的直接动因，对外开放不但促进了中小城市规模的快速增长，而且促进了大城市及特大城市数量的增加[3]。但是，对辽宁中部城市群城镇体系的分析表明，城镇规模成长符合Gibrat法则，城镇原有规模并非影响城镇规模变化的因素[4]。

产业发展是城镇化发展的支撑与立足点[5]，产业结构转变和城镇化互动已成为我国城市发展的必然趋势[6]。产业集聚的专业化和多样化对不同规模城镇的生产率影响不同：用城市规模为门限变量的门限回归方法对2004—2009年间我国282

1 简新华，何志扬，黄锟. 中国城镇化与特色城镇化道路[M]. 济南：山东人民出版社，2010.

2 王克忠，周泽红，孙仲彝，朱惠霖. 论中国特色城镇化道路[M]. 上海：复旦大学出版社，2009.

3 朱江丽. 开放经济视角下产业集聚与城市规模增长——基于长三角城市的实证分析[J]. 南大商学评论，2013（1）.

4 刘振灵. 资源基础型城市群城镇体系规模结构的时空演变研究[J]. 资源科学，2011（6）.

5 王克忠，周泽红，孙仲彝，朱惠霖. 论中国特色城镇化道路[M]. 上海：复旦大学出版社，2009.

6 姚士谋，汤茂林，李昌峰，朱英明，管驰明. 中国城市与区域发展相互关系的多层面研究[J]. 地理科学进展，1999（3）.

个地级城市进行实证分析得出，专业化集聚可促进中小城市生产率的提高，但是会在一定程度上阻碍大城市生产率的提高；而多样化集聚则与小城市的生产率呈显著负相关关系，与中等规模城市的生产率不相关，与大规模城市的生产率呈显著正相关关系[1]。不同的产业集聚程度和产业结构高度化水平则对城镇人口的增长影响不同：用固定效应模型对北京16个区县2006—2013年间的面板数据进行分析得出，第二产业的集聚对北京市人口规模的增长有促进作用，而第三产业集聚特别是第三产业中的现代服务业集聚对北京人口规模的增长有抑制作用，且产业结构高度化水平对北京市人口规模的增长有挤出效应[2]。

1.2.1.2 国内关于我国城镇化模式的研究趋势

国内关于我国城镇化模式的研究已经取得一定成果。在经济转型期城镇化率已过50%的今天，未来的研究更多专注于在经济转型期、城镇化的经济功能突显的背景下城镇体系的培育与发展，不同区域内城市群的定位与功能，城市群内部的空间集聚与经济增长，城市群之间的协作与竞争关系等。

---

1 孙晓华，郭玉娇. 产业集聚提高了城市生产率吗？——城市规模视角下的门限回归分析[J]. 财经研究，2013（2）.

2 王莹莹，童玉芬. 产业集聚与结构高度化对北京人口规模的影响：膨胀还是收敛？[J]. 人口学刊，2015（6）.

1.2.2 国外关于我国城镇化模式的相关研究现状及趋势

1.2.2.1 国外关于我国城镇化模式的相关研究现状

早期国外学者对我国的城市化研究集中在对我国具体城市的历史演变分析。如美国汉学家施坚雅从各个角度探索了中国城市的历史发展演变规律，他认为由于大部分具有一定规模的城市都是政府机构所在地，因而行政因素对城市规模具有直接影响；其实证研究也表明，影响中国城市化地区差异的因素包括人口密度、以运输应用为代表的技术水平、地域性职业多样性、专业化劳动分工、商业化程度，以及地区对外贸易的水平[1]。20世纪70年代以来国外学者对我国城镇化的发展研究并没有拘泥于传统的西方城市化理论，而是更注重中国的特殊性，对我国城市化的特色、城市化为何远远慢于工业化、城镇规模等方面进行了研究。从意识形态方面来看，中国城市化发展缓慢的原因在于共产党领导人的"亲农村意识"[2]：由于共产党最终取得胜利所坚持的路线是农村包围城市，导致毛泽东等第一代领导人认为农民群众具有巨大的革命热情而城市则是腐败的商人及不可信赖的知识分子的集聚地，所以，在新中国成立后实施的"大跃进"其目的在于缩小城乡差别并强调农村的发展。但是，意识形态论并不能说明中国工业化为什么能以较快速度发展的事实。事实

1　施坚雅. 中华帝国晚期的城市[M]. 叶光庭，等译. 北京：中华书局，2000.

2　Laurence J C MA. Anti-urbanism in China [J]. *Proceedings of the Association of American Geographers*, 1976 (8).

上，城市发展慢于工业化是中共在资本有限的情况下为实现工业化目标而不得不压缩人的消费至最低水平从而尽快增加资本积累，最终实现工业化的不得已措施；牺牲城市基础设施建设以及农村经济扩大再生产是优先发展重工业的代价，也是导致城市发展后劲不足的原因，最终导致工业化远快于城市化的发展格局[1]。随着城市化进程的加快，我国的城市规模也成为国外学者研究的对象，从投入和产出的角度出发，D-S模型证实城市的净集聚效应与城市规模之间呈倒U形变化，但是，城市的最优规模随城市产业结构变化而变化，当制造业与服务业的增加值比值为1时，城市最佳人口规模为250万人；而制造业与服务业的增加值比值为0.6时，中国的最优城市规模为290万～380万人，因而，总的来说，中国的城市规模整体偏小[2]。

城镇化模式中的城镇体系规模分布主要涉及首位城市的相对规模、城市体系的人口规模集中度、位序规模分部等方面[3]，因为城镇化与经济发展并不存在必然的因果关系，城

1 Kirkby R. J. R. *Urbanization in China: Town and Country in a Developing Economy 1949–2000AD* [M]. New York: Columbia University Press, 1985.

2 Au, C., V. Henderson. Are Chinese Cities Too Small [J]. *Review of Economic Studies*, 2006 (2).

3 Wheaton, W. C., H. Shishido, Agglomeration Economies, and Level of Economic Development [J]. *Economic Development and Cultural Change*, 1981(1); Henderson, J. V. Urbanization and Growth [H]. *Handbook of Economic Growth*, 2005.

镇体系特别是城镇规模分布对经济增长作用明显[1]。亨德森（Henderson）利用多国的数据进行实证，结果发现城市首位度与经济增长之间存在倒U形关系[2]。齐普夫发现，在特定区域内，城镇的人口规模与该城镇在城镇体系中所处等级的乘积近似地等于一个常数，即齐普夫法则[3]。在城镇体系中，若城镇规模过大，会导致过度集中从而使集聚成本高昂，不利于经济增长；而城镇规模偏小又无法发挥集聚优势，也不利于经济增长；若城镇规模均匀分布，各个城市都会因集聚不足而损失效率[4]。所以，应该存在一个理论上的最优城镇规模分布[5]。但是现实中的城镇规模分布难以停留在最优状态，原因如下：（1）在各级城镇组成的城镇体系中，权利往往集中于少数城市，而资源、公共产品等也被认为集中于这些城市，为了获得资源与便利，企业及居民不得不向这些城市靠拢，最终导致这些城市规模过大，形成过度集中的城市规模

---

1 Fay, M., C. Opal. Urbanization without Growth [R]. World Bank policy research working paper, 2000 (2412); Henderson, J. V., Z. Shaliz., A. Venables. Geography and Development [J]. *Journal of Econimic Geography*, 2001(1); Henderson, J. V. The Urbanization Process and Economic Growth: The So-What Question [J]. *Journal of Economic Growth*, 2003 (1).

2 Henderson, J. V. The Urbanization Process and Economic Growth: The So-What Question [J]. *Journal of Economic Growth*, 2003 (1).

3 Nitseh,V. Zipf. Zipped [J]. *Journal of Urban Economics*, 2005 (1).

4 Henderson, J. V. Urban Primacy, External Costs, and Quality of Life [J]. *Resource and Energy Economics*, 2002 (24).

5 Wheaton, W.C., H. Shishido, Agglomeration Economies, and Level of Economic Development [J]. *Economic Development and Cultural Change*, 1981 (1); Henderson, J. V., Z. Shaliz, A. Venables. Geography and Development [J]. *Journal of Econimic Geography*, 2001 (1).

分布[1]；（2）由于政策制定者往往认为规模经济总是有效，使其将重大生产活动都布局在几个大城市中，最终导致过度集中[2]；（3）当城镇规模由小变大时，集聚效应呈倒U形变化，当城镇规模超过最优规模后，若政府进行有效的协调控制，由于历史路径依赖，企业及居民更倾向于留在原有大城市中，从而导致城市规模过大[3]。

1.2.2.2 国外对我国城镇化的研究趋势

国外关于我国城镇化模式的研究业已取得一定成果。目前，国外关于我国城镇化的研究已从过去的历史演变视角与意识形态视角转向经济视角，其研究方法也逐渐由定性分析转向定量分析，研究对象也从单个城市的城市规模转向城市群以及城镇体系。

1.2.2 关于我国城镇化模式相关研究的简要述评

现有对我国城镇化模式的研究已经取得了一定的共识，学者们也对我国城市群发展模式的选择进行了实证分析。但是，现有研究对于为什么选择城市群发展模式的理论分析鲜有涉及，也并未探讨城镇化模式的发展机理，在对城市群及城镇体系分析的过程中也鲜有涉及县级城市及建制镇，未来的研究还应在此方面加强以丰富城镇化理论体系。

---

1 Henderson, J. V., Z. Shaliz, A. Venables. Geography and Development [J]. *Journal of Econimic Geography*, 2001 (1).

2 Henderson, J. V., Z. Shaliz, A. Venables. Geography and Development [J]. *Journal of Econimic Geography*, 2001 (1).

3 Duranton. G. Are Cities Engines of Growth and Prosperity for Developing Countries [J]. *Urbanization and Growth*, 2009.

1.3 研究范畴及相关概念界定

城镇包括城市和小城镇，城市包括直辖市、副省级城市、地级市以及县级市，小城镇则指建制镇。

城镇规模是指城镇人口的绝对数量。根据经济社会发展的需要，为更好地实施人口管理和城市治理，不同国家和地区对城镇规模的分类标准并不相同。在我国，城镇人口有户籍人口和常住人口之分，根据国发（2014）51号《国务院关于调整城市规模划分标准的通知》，我国的城市规模以城区常住人口为统计口径，划分标准如表1.1：

表1.1 我国城市规模划分标准

城市规模	小城市		中等城市	大城市		特大城市	超大城市
	Ⅰ型小城市	Ⅱ型小城市		Ⅰ型大城市	Ⅱ型大城市		
人口数量	>20万，且<50万	<20万	>50万，且<100万	>300万，且<500万	>100万，且<300万	>500万，且<1000万	>1000万

1.4 研究方法与思路

1.4.1 研究方法

定性分析与定量分析相结合。本书首先采用定性分析方法对城镇化模式的发展机理进行分析，然后采用定性分析与定量分析相结合的方法对国外城镇化模式、我国城镇化模式的发展变化以及城市群发展模式的选择与推进方面进行分析。

比较分析与历史分析相结合。本书采用比较分析法对国外城镇化模式及其对我国城镇化模式的启示与警示进行分析，并用历史分析法梳理新中国成立以来的城镇化历程及其过程中的城镇化模式特点。通过横向比较与纵向比较为我国城镇化模式的选择提供现实参考。

理论分析与实际分析相结合。本书既对城镇化模式的发展机理进行理论分析，又对国内外城镇化模式的发展演变进行实际分析，同时对选择城市群发展模式的条件、原因进行实际分析，通过理论分析与实际分析相结合的办法比较全面地阐释了城镇化发展模式及我国对城镇化模式的选择依据。

归纳与演绎相统一的分析法。本书采用归纳法对国外城镇化发展模式以及我国城镇化发展历程及其模式特点进行分析，并采用演绎法确定了我国应选择的城市群发展模式。

1.4.2 研究思路

本书紧紧围绕城镇化模式这一主题，在梳理国内外研究文献的基础上，按照“提出问题—分析问题—解决问题”的研究范式，以“理论基础—理论分析—对比分析—历史分析—实证分析—政策建议—总结展望”的逻辑层层推进。具体来说，全文共分为八章。

第一章，绪论。本章首先阐述了选题背景及研究意义，接着详细梳理了现有的文献，并对现有文献做了简要述评，然后确定研究范畴并界定了相关概念，最后提出研究方法与思路。

第二章，城镇化及城镇化模式的基础理论和基本内涵。本章先介绍了城镇化及城镇化模式的基础理论，包括马克思主义经典作家以及西方学者的城镇演化理论、区域非均衡化发展理论、产业演变理论以及人口变迁理论，为城镇化模式的分析提供理论支撑。接着，本章对城镇化及城镇化模式的基本内涵进行了分析，城镇化、城镇化模式内涵的确定以及二者之间关系的厘清是进行城镇化模式分析的前提与基础。

第三章，城镇化模式的发展机理。本章先对现有城镇化模式的种类进行了介绍，接着分析了城镇化模式的驱动机理与影响机理。本章为理论分析，从理论角度考察分析了城镇化模式的发展机理，揭示了城镇化模式发展变化的一般规律。本章为一般性分析，是后文演绎分析的基础。

第四章，国外城镇化模式分析。本章先对发达国家成功的城镇化模式进行了分析，并总结了其对我国城镇化模式选择的启示；接着对发展中大国并不成功的城镇化模式进行了分析，也总结了其对我国城镇化模式选择的警示。本章为对比分析，为下文我国城镇化模式的选择提供参考依据。

第五章，我国城镇化模式的发展分析。本章先对我国城镇化的发展历程及其模式特点进行了总结与梳理，再对我城镇化模式中出现的问题进行了描述，最后分析了我国对城镇化模式的宏观要求。本章为历史分析，是下文我国城镇化模式选择的历史和现实基础。

第六章，我国城镇化模式的选择——城市群发展模式。本章先对我国积极推进城市群发展模式的原因及条件进行了总结，再对我国现有城市群的空间集聚特征进行了分析，最后分析了我国城市群空间集聚与经济增长的关系。本章主要是实证分析，在总结了选择城市群发展模式的原因及条件之后，采用实证方法对我国城市群的空间特征进行了分析，并用实证方法验证了城市群发展模式为推进我国城镇化的正确选择。

第七章，积极推进城市群发展模式的政策建议。本章先提出了积极推进城市群发展模式的思路与原则，接着对相关配套制度与政策提出了建议。本章是上一章的延续，城市群发展模式的建设离不开相关配套制度与政策，如何利用配套制度与政策进一步推进城市群发展模式为本章的中心。

第八章，主要结论及研究展望。本章总结了全文所得出的四个主要结论，并对未来的研究方向进行了展望。

2

城镇化及城镇化模式的基础理论和基本内涵

2.1 城镇化及城镇化模式的基础理论

2.1.1 城镇演化理论

2.1.1.1 马克思和恩格斯关于城乡关系演进的观点

马克思和恩格斯不但系统地分析了城市的产生过程，研究了城镇化相关的一些具体问题，而且对社会历史发展过程中的城乡关系提出了一些观点。马克思和恩格斯认为城镇化的初始动力是农业的发展，因为“食物的生产是直接生产者的生存和一切生产的首要的条件，所以在这种生产中使用的劳动，即经济学上最广义的农业劳动，必须有足够的生产率，使可供支配的劳动时间，不致全被直接生产者的食物生产占去；也就是使农业剩余劳动，从而农业剩余产品成为可能”[1]。工业化的发展则是城镇化的根本动力，因为“许多从事同一个或同一类工作（例如造纸、铸字或制针）的手工业者，同时在同一个工场里为同一个资本所雇用”，“不同种的独立手工业的工人在同一个资本家的指挥下联合在一个

1 马克思. 资本论[M]. 郭大力，王亚南，译. 上海：上海三联书店，2009.

工场里，产品必须经过这些工人之手才能最后制成”[1]。而“大工业企业要求许多工人在一个建筑物里共同劳动；他们必须住得集中，甚至一个中等规模的工厂附近也会形成一个村镇。他们有种种需求，为了满足这些需求，还需要其他人……村镇变成小城市，小城市变成大城市”[2]。此外，“商业依赖于城市的发展，而城市的发展也要以商业为条件”[3]。

关于城乡关系，马克思认为，“一个民族内部的分工，首先引起工商业劳动同农业劳动的分离，从而也引起城乡的分离和城乡利益的对立”[4]。“一切发达的、以商品交换为中介的分工的基础，都是城乡的分离。可以说，社会的全部经济史，都概括为这种对立的运动。”[5]城乡分离的积极作用表现在“城市越大，定居到这里就越有利，因为这里有铁路、运河和公路；挑选熟练工人的机会越来越多；由于附近的建筑业主和机器制造厂主之间的竞争，在这种地方开办新企业就比偏远地区花费要少。……大工厂城市的数量就以惊人的速度增长起来”[6]。此外，城市作为各类生产要素的聚集地，

1 马克思. 资本论[M]. 郭大力，王亚南，译. 上海：上海三联书店，2009.
2 中共中央马克思恩格斯列宁斯大林著作编译局. 马克思恩格斯文集[M]. 北京：人民出版社，2009.
3 马克思. 资本论[M]. 郭大力，王亚南，译. 上海：上海三联书店，2009.
4 中共中央马克思恩格斯列宁斯大林著作编译局. 马克思恩格斯选集[M]. 北京：人民出版社，1995.
5 马克思. 资本论[M]. 郭大力，王亚南，译. 上海：上海三联书店，2009.
6 中共中央马克思恩格斯列宁斯大林著作编译局. 马克思恩格斯文集[M]. 北京：人民出版社，2009.

"聚集着社会的历史动力"[1]，并且"城市的繁荣也使农业摆脱了中世纪的最初的粗陋状态。不仅大片的荒地被开垦出来了，而且染料植物以及其他引进的植物也种植起来了，对这些植物的精心栽培，使农业普遍地受到了良好的影响"[2]。城乡分离有其积极的意义，但也产生了一定的负面效应。"城市和乡村的分离……破坏了农村居民的精神发展的基础和城市居民的体力发展的基础"，"由于推广机器和分工，无产者的劳动已经失去了任何独立的性质，因而对工人也失去了任何吸引力。工人变成了机器的单纯的附属品，要求他做的只是极其简单、极其单调和极容易学会的操作"，"劳动为富人生产了奇迹般的东西，但是为工人生产了赤贫。……劳动生产了美，但是使工人变成畸形。劳动用机器代替了手工劳动，但是使一部分工人回到野蛮的劳动，并使另一部分工人变成机器。劳动生产了智慧，但是给工人生产了愚钝和痴呆"[3]。同时，城乡分离导致"工人的恶劣住房条件因人口突然涌进大城市而特别恶化"[4]，"一切腐烂的肉类和蔬菜都散发着对健康绝对有害的臭气，而这些臭气又不能毫无阻挡地散出去，势必要造成空气污染"，"居民的肺得不到足够的

---

1 马克思. 资本论[M]. 郭大力，王亚南，译. 上海：上海三联书店，2009.

2 中共中央马克思恩格斯列宁斯大林著作编译局. 马克思恩格斯全集[M]. 北京：人民出版社，1998.

3 中共中央马克思恩格斯列宁斯大林著作编译局. 马克思恩格斯选集[M]. 北京：人民出版社，1995.

4 中共中央马克思恩格斯列宁斯大林著作编译局. 马克思恩格斯选集[M]. 北京：人民出版社，1995.

氧气，结果肢体疲劳，精神萎靡，生命力减退”[1]，“挤满了工人的所谓‘恶劣的街区’，是不时光顾我们城市的一切流行病的发源地”[2]。此外，城乡分离和对立又使“农村反而相对孤立化，所以又会使土地的地区位置的差别扩大”，“由于私有制的压迫和土地的分散而难以利用现有改良成果和科学成就”[3]。资本主义大生产“破坏着人和土地之间的物质交换”，“使人以衣食形式消费掉的土地的组成部分不能回归土地，从而破坏土地持久肥力的永恒的自然条件”，“资本主义农业的任何进步，都不仅是掠夺劳动者的技巧的进步，而且是掠夺土地的技巧的进步，在一定时期内提高土地肥力的任何进步，同时也是破坏土地肥力持久源泉的进步”[4]。

对于城乡分离和对立所产生的问题，马克思和恩格斯也对城镇化的发展目标与实现路径提出了看法，认为生产力“有所发展但又发展不足”必然导致城乡分离和对立[5]。城镇化发展过程中的城乡分离和对立，“仅仅适应于工农业发展水平还不够高的阶段”，未来社会发展的过程中应“将从事工业生产和农业生产，将把城市和农村生活方式的优点结合起来，避免二者的片面性和缺点”，从而实现城乡融合，那

1 中共中央马克思恩格斯列宁斯大林著作编译局. 马克思恩格斯文集[M]. 北京：人民出版社，2009.

2 中共中央马克思恩格斯列宁斯大林著作编译局. 马克思恩格斯选集[M]. 北京：人民出版社，1995.

3 中共中央马克思恩格斯列宁斯大林著作编译局. 马克思恩格斯选集[M]. 北京：人民出版社，1995.

4 马克思. 资本论[M]. 郭大力，王亚南，译. 上海：上海三联书店，2009.

5 中共中央马克思恩格斯列宁斯大林著作编译局. 马克思恩格斯选集[M]. 北京：人民出版社，1995.

么“城市和乡村之间对立也将消失”[1]。生产力的极大发展是实现城乡融合的“物质前提”，“把农业和工业结合起来、大工业在全国的尽可能均衡的分布”，通过建立新的城乡分工体系、新型的城乡联系机制，使人口在全国均匀分布，从而“促使城乡对立逐步消灭”[2]。此外，由于“城乡之间的对立只有在私有制的范围内才能存在”，“消灭阶级和阶级对立、消除旧的分工”，才能让“所有人共同享受大家创造出来的福利”，“使社会全体成员的才能得到全面发展”，城乡融合才能实现[3]。同时，城乡融合的实现是一个渐进的社会历史过程，“文明在大城市中给我们留下”的“遗产”“必须被消除而且必将被消除”，但这将是“一个长期的过程”[4]。

2.1.1.2 田园城市理论

1898年，埃比尼泽·霍华德出版了一本名为《明日：一条通向真正改革的和平道路》（再版后更名为《明日的田园城市》）的著作。该书针对农村地区进一步衰落，可人口依然源源不断向已经过分拥挤的城市集聚的问题，提出人口不仅可以在城市和乡村之间流动，也可以集聚。这种既兼顾了

1 中共中央马克思恩格斯列宁斯大林著作编译局. 马克思恩格斯选集[M]. 北京：人民出版社，1995.
2 中共中央马克思恩格斯列宁斯大林著作编译局. 马克思恩格斯选集[M]. 北京：人民出版社，1995.
3 中共中央马克思恩格斯列宁斯大林著作编译局. 马克思恩格斯选集[M]. 北京：人民出版社，1995.
4 中共中央马克思恩格斯列宁斯大林著作编译局. 马克思恩格斯选集[M]. 北京：人民出版社，1995.

城市和乡村的优点，又避免了各自缺点的“城市—乡村”模型，被称为“田园城市理论”[1]。田园城市理论将城市、乡村以及城市—乡村称为三磁铁：（1）“城市”磁铁工资高，就业机会多，社交机会多，娱乐场所丰富，街道照明条件好，公共建筑漂亮，遍布壮丽的大厦，但是城市物价高，地租高，工作时间长，上班距离远，人与人之间相互隔阂，空气污染严重；（2）与“城市”磁铁相反，“乡村”磁铁景色优美、空气清新、地租便宜，但是生活在乡村必须忍受匮乏的社交、低廉的工资、过长的劳动时间、排水设施等卫生条件落后而造成的生活不便；（3）“城市—乡村”磁铁则不同，它是城市和乡村的结合体，结合了城市和乡村的优点，使生活在其中的人们在享有丰富的社交机会的同时还能享有大自然的美景以及完善的卫生条件。此外，“城市—乡村”磁铁的高工资伴随低租金和低税收，就业机会多[2]。“城市—乡村”磁铁由中心城市和外围田园城市组成城市群，中心城市与各外围田园城市之间由乡村带隔开，中心城市人口在5.8万人左右，外围田园城市人口在3.2万人左右；城市群之间以火车为主要的交通工具；城市群中的土地所有权为所有居民共同所有，并由委员会托管，委员会只根据居民对土地的使用情况收取少量的必要土地使用租金作为市政费用以维持城市群的运转[3]。

---

1 埃比尼泽·霍华德. 明日的田园城市[M]. 金纪元，译. 北京：商务印书馆，2000.

2 埃比尼泽·霍华德. 明日的田园城市[M]. 金纪元，译. 北京：商务印书馆，2000.

3 埃比尼泽·霍华德. 明日的田园城市[M]. 金纪元，译. 北京：商务印书馆，2000.

田园城市的提出不但对后来的城市规划相关理论如“有机疏散”论以及卫星城镇理论影响深远，而且为城镇化发展提供了新的思路。该理论认为现代城市病和农村凋敝问题并非独立存在，城市和乡村的发展也并非此消彼长的关系，现代城市病的解决以及农村凋敝现象的克服，可通过城市群的方式解决，城市和乡村应以城市群的方式共同发展[1]。

2.1.1.3 诺瑟姆曲线

部分学者经过深入的研究后认为，城镇化发展有一定的规律可循，其中代表性的理论之一是“诺瑟姆曲线”。该理论由美国城市地理学家诺瑟姆（Ray M. Northam）在其1979年的著作《城市地理》中提出。诺瑟姆认为，一个国家或地区的城市化发展过程分为不同的阶段，整个过程呈现出一条类似于字母S的发展曲线，即“诺瑟姆曲线”[2]。诺瑟姆曲线表明了城市化进程大致可以划分为三个阶段：城市化的初期、中期和后期阶段。城市化率在30%以下的第一阶段是城市化的初期，在这个时期城市化水平低，城市化进程发展缓慢，农业占主导地位；而城市化率在30%～70%之间的阶段属于城市化的中期阶段，在此期间工业逐渐成为国民经济主导产业，第三产业的比重也在逐步上升，城市人口迅速增长，城市化进程开始加速；城市化率在70%以上的时期属于城市化的后期阶段，在此期间城乡差别逐渐减小，农业人口维持在很低的比例，服务业和高科技产业成为经济增长的主要推

1 埃比尼泽·霍华德. 明日的田园城市[M]. 金纪元，译. 北京：商务印书馆，2000.

2 焦秀奇. 世界城市化发展的S型曲线[J]. 城市规划，1987（2）.

动力，城市化进程开始趋缓，有的地方或者时期甚至出现逆城市化的现象[1]。

2.1.1.4 城市化三阶段论

英国学者范登堡在《欧洲城市兴衰研究》一书中也提出了城市化发展分为三个阶段的理论。不过，他划分城市化发展不同阶段的依据是经济结构的变化，即从农业为主过渡到工业社会的第一阶段，从工业经济过渡到第三产业经济的第二阶段，从第三产业继续发展进入成熟阶段的第三阶段。相应的，他也把世界城市化分为对应的三个阶段：城市化快速发展的典型城市化阶段、城市化巩固期的市郊化阶段和反城市化与内域的分散阶段[2]。但实际上，这三个阶段并非先后出现，而是可能交替出现，只是在一定时期内某一阶段占主导地位[3]。

2.1.2 区域非均衡发展理论

2.1.2.1 中心地理论

中心地理论以德国地理学家克里斯泰勒于1932年出版的《德国南部的中心地》和德国学者廖什于1940年发表的《区位经济学》为代表，盛行于19世纪50年代，它从理论上剖析

1　段学慧，侯伟波. 不能照搬“诺瑟姆曲线”来研究中国的城镇化问题[J]. 河北经贸大学学报，2012（4）.

2　高佩义. 中外城市化比较研究（增订版）[M]. 天津：南开大学出版社，2004.

3　王素斋. 科学发展观视角下中国新型城镇化发展模式研究[D]. 天津：南开大学，2014.

了经济区形成的内部机制，是研究城市群和城市化的基础理论之一，至今仍在城市规划和区域规划中起指导作用。

克里斯泰勒通过探索德国南部城镇的城市规模和城市分布规律，系统地阐明了城镇体系中中心地的数量、规模和分布模式，这对当今我们研究城镇体系的空间范式、城镇等级体系以及城镇的空间分布规律而言仍然是最经典的理论模型。在商品经济日益深化、市场成为各种经济活动中心的情况下，廖什继承了克里斯泰勒的市场空间结构思想，把生产区位和市场范围结合起来，构建了市场区及市场网的理论模型。他提出，生产和消费都是在市场区中进行，生产者的目标是谋求最大利润，而最低成本往往不一定能保证最大利润，因此正确的选择区位是谋求最大市场和市场区。

在城镇化模式的研究过程中，中心地理论给我们以这样的启发：首先，要使区域城市化和工业化同时进行，使城市带动区域经济的发展，就必须在区域范围内建立起一个多层次的完整的城市体系，其间缺少任何环节都会影响整个系统的正常运行。其次，城市体系的布局和交通网络布局应有机结合，通盘设计。只有这样，各级中心地才能很好地推动区域经济的发展。最后，城市体系的作用范围应覆盖全国（或整个地区）不留空白。

2.1.2.2 循环积累因果原理

瑞典经济学家缪尔达尔于1944年首次提出循环积累因果原理，而后对该原理进行了完善。他认为，各区域内社会经济要素的流动并非守恒或者均衡的，而是以累积的方式循环流转的。由于市场的力量，区域之间的差异通常倾向于增大而非减小。各区域经济的发展既不会同时开始，更不会均匀地增长，通常，经济发展会从一些条件好的地区开始。而一旦该区域因始发优势，经济提前发展，这类区域就可以通过不断积累这种优势而快于其他区域发展，导致区域之间的差距进一步扩大。这将导致两种相反效应的产生：生产要素从经济发展落后区域向发达区域流动的回流效应和生产要素由经济发达区域向落后地区流动的扩散效应。而在市场经济的运行模式下，回流效应远远大于扩散效应，这也意味着经济发达区域会更加发达，经济落后区域经济会更加落后。因此，缪尔达尔建议，在经济发展的起步阶段，政府应优先发展条件较好的区域，以便获得更高的投资回报率和经济增长率，充分利用回流效应促进发达地区经济的快速增长；而当经济发展到一定程度，应该关注和防止区域间的经济差距进一步扩大，通过政策扶持促进落后地区的发展，并利用扩散效应让经济发达地区带动落后地区发展，逐步缩小区域间的经济发展差距。

2.1.2.3 发展极理论

发展极理论是由法国经济学家佩鲁于1955年提出的，该理论的核心思想是：在经济增长的过程中，一些主导性的部门、一些富有创新能力的企业或行业在大城市聚集，由此带来的资本和技术的高度集中产生了自身迅速增长并具有规模效益的“发展极”或“增长极”。这些部门和行业不仅自己发展迅速，它们还能对周边地区产生强大的经济辐射作用，它们的快速增长可以带动相邻地区经济的共同发展[1]。“发展极”一般具有多种智能，如生产中心、贸易中心、金融中心、信息中心、决策中心、服务中心等，它们就像磁场的一极，对生产要素发挥着吸引作用和辐射作用，不仅可以促进本地的经济发展，还能带动周围地区的共同发展。[2]佩鲁认为“发展极”的形成有四个必要条件：（1）产业群已形成；（2）具有创新能力的企业家或企业家群体；（3）具有规模经济效益；（4）适宜的周边环境。[3]发展极理论认为，发展中国家要实现经济发展必须通过建立“发展极”促进本身的发展并带动其他地区或部门的发展，建立“发展极”的途径包括市场机制的自发调节、自发产生“发展极”和政府进行经济计划和重点投资主动建立“发展极”两种[4]。

2.1.2.4 不平衡增长论

美国经济学家赫希曼于1958年系统地阐释了不平衡增长理论。他认为，发展中国家应有选择地投资某些部门，其他部门应该通过外部性发展，从而实现经济的逐步增长。因为资本是发展中国家的主要稀缺资源，若不加选择地进行全面投资，就无法实现地区间的经济平衡发展。他还认为，欠发达经济体可以采取非平衡的发展策略来实现经济增长：首先选择某些行业或者部门进行投资，通过这些行业或部门的发展可以创造出新的投资资本时，就能带动其他行业或部门

1 张培刚．发展经济学教程[M]．北京：经济科学出版社，2001.
2 张培刚．发展经济学教程[M]．北京：经济科学出版社，2001.
3 张培刚．发展经济学教程[M]．北京：经济科学出版社，2001.
4 张培刚．发展经济学教程[M]．北京：经济科学出版社，2001.

的经济发展。赫希曼具体考察了各种不平衡发展战略，并提出了著名的连锁效应，包括前向连锁和后向连锁。他认为，任何投资都会产生连锁效应，前向连锁鼓励和刺激后面几个阶段的投资，后向连锁鼓励和刺激前面几个阶段的投资。此外，赫希曼还对政府投资问题进行了分析，指出在政治压力和追求利润之间的博弈过程中，社会经济实际上存在两种发展途径—— 一是社会基础设施过剩的发展，二是社会基础设施短缺的发展；一般而言，第一种发展途径更连贯、更平稳，也被称为自我推进的发展途径。但是，无论哪种发展途径，投资都是在社会基础设施部门和直接生产部门之间以蛙跳方式交叉进行的。

2.1.2.5 中心—外围发展论

美国经济学家弗里德曼于1958年提出了中心—外围发展理论。弗里德曼认为，区域发展是通过连续、不断累积的多次创新过程实现的，这种发展起源于区域内少数几个中心部门，这些部门内的创新会逐渐向周围地区扩散，周围地区也会依附中心区域向前发展。所以，发展本身就包含极化的过程，根本的革新只会发生在少数城市和地区，这些地区决定了发展的过程。弗里德曼将这些中心地区和城市称为中心，其他依附发展区域称为外围。

2.1.2.6 区域经济梯度转移理论

美国经济学家雷蒙德·弗农（Raymond Vernon）等提出了区域经济梯度转移论。该理论以区域生命周期理论和产品生命周期理论为基础，认为工业各部门甚至各工业产品的发展都呈现出创新、发展、成熟和衰老四个阶段，伴随着这四个阶段的向前发展，部门或产品也将相应地经历兴旺、停滞到衰退的发展历程。弗农认为，经济与技术存在客观区域差异，而产业与技术有由高水平地区向低水平地区扩散的趋势。根据这个理论，世界上的每个国家或地区都位于对应的经济发展梯度，世界上每种新行业、新产品和新技术都会逐渐地由高梯度地区向低梯度地区扩散，即工业区位向下渗透现象。

2.1.2.7 倒U形理论

美国经济学家威廉姆逊将库兹涅茨关于收入分配的倒U形假说运用在区域经济发展中，提出了用于解释区域经济发展差异的倒U形理论。他利用截面分析和时间序列分析对多个国家和地区的经济发展进行了分析，发现发展阶段和区域差异之间存在倒U形关系：（1）经济发展较为成熟的国家，其区域间的不平衡程度较小，中等收入国家由于经济正处于起飞阶段，区域间的不平衡程度较大；（2）大多数发达国家的区域间不平衡程度都经历了递增、稳定以及下降三个阶段，即经济发展早期阶段的区域差异逐渐扩大、经济发展中期的区域差异逐渐稳定、经济发展成熟阶段的区域差距逐渐缩小。

2.1.3 产业演变理论

2.1.3.1 配第—克拉克定理

威廉·配第在其著作《政治算术》中指出，工业的收入高于农业，而商业的收入又高于工业，即工业的附加值高于农业，商业的附加值高于工业[1]。在配第的基础上，经济学家科林·克拉克在其著作《经济进步的条件》中将各国经济发展分为三个阶段：第一阶段，以农业社会为主的低开发经济社会。在这个阶段，人们把主要从事农业劳动，劳动生产率低，人均收入少[2]。第二阶段，随着经济社会发展，进入以工业为主的经济社会。因为工业的劳动生产率较高，导致了社会人均收入的提高，劳动力逐步由农业向工业转移，人均国民收入提高。[3]第三阶段，随着社会经济进一步发展，商业和服务业迅速发展，且由于商业服务业的人均收入高于农业和制造业，引起劳动力从农业主要向商业和服务业转移，全社会国民收入增长加快，人均国民收入水平大大提高[4]。克拉克认为，随着社会经济的发展，劳动力将首先从第一产业流向第二产业，然后再从第二产业流向第三产业。这一产业演变趋势被称为“配第—克拉克定理”。克拉克还认为，劳动力从第一产业向第二、第三产业转移的原因在于产业间的收入差异，因为人们总是倾向于从低收入产业向高收入产业转移。

1 威廉·配第. 政治算术[M]. 陈东野，译. 北京：商务印书馆，1978.

2 西蒙·库兹涅茨. 各国的经济增长：总产值和生产结构[M]. 常勋，等译. 北京：商务印书馆，2015.

3 西蒙·库兹涅茨. 各国的经济增长：总产值和生产结构[M]. 常勋，等译. 北京：商务印书馆，2015.

4 西蒙·库兹涅茨. 各国的经济增长：总产值和生产结构[M]. 常勋，等译. 北京：商务印书馆，2015.

2.1.3.2 库兹涅茨法则

在克拉克的研究基础上，库兹涅茨以人均国内生产总值为依据，对多个国家的农业部门、工业部门和服务部门在各国国内生产总值中的份额以及不同部门中的劳动力份额进行了横向考察和纵向考察。分析表明，随着人均国内生产总值的提高，农业部门的从业者收入和从业者比重下降；工业部门从业者收入上升，从业者保持不变或略有上升；服务部门的从业者收入比重不变或略有上升但从业者比重上升[1]。这一规律又被称为“库兹涅茨法则”。在统计结果的基础上，库兹涅茨进一步对三个产业部门产值和劳动力变动的原因进行了深入的分析。他认为：（1）农业部门的产值份额和劳动力份额减少的原因在于农产品的低收入弹性以及农业部门和工业部门间可能的技术进步存在很大差异，而农业劳动生产率的提高也是农业部门劳动力比重减少的一个重要因素。（2）工业部门产值份额不断提高而劳动力份额相对不变的原因在于国民收入的支出结构变化有利于工业的高收入弹性，工业部门的产值比重呈上升趋势，工业部门的发展与扩大增加了对劳动力的吸收，但工业技术的进步使工业部门的有机构成不断提高，这在一定程度上排斥了工业部门对劳动力的吸收，这种吸收和排斥的力量相互作用，最终趋于平衡时工业部门的劳动力份额也趋于稳定。（3）服务业的产值比重大致不变、劳动力份额上升的原因在于服务部门中很多行业具有劳动力和资本容易进入的特点。这会导致服务业部门行业竞

1 西蒙·库兹涅茨. 各国的经济增长：总产值和生产结构[M]. 常勋，等译. 北京：商务印书馆，2015.

争激烈、产品价格低廉，相对工业部门来说，不容易形成垄断，其产品价格相对于工业产品价格处于不利地位，因而虽然服务部门具有较高的收入弹性，并且随着国民收入的提高对服务部门的需求会越来越多，但其产值比重很难提升。此外，因为服务部门的相对劳动生产率高于农业部门，劳动力会不断由农业部门向服务部门流动[1]。

2.1.3.3 钱纳里模式

钱纳里运用库兹涅茨的统计归纳法对产业结构的变动趋势进行了更深入的研究。他利用国民生产总值市场占有率模型建立标准产业结构，并用该模型对包括低收入国家在内的一百多个国家和地区的经济发展情况进行了分析，进一步验证了库兹涅茨等人的结论[2]。此外，他详细考察了制造业内部各产业部门地位和作用的变化规律，进一步揭示了制造业结构转换的原因在于产业之间存在产业关联效应[3]。钱纳里将工业部门分为投资物品及相关产品、其他中间产品以及消费产品三大类，根据分析发现，随着人均收入的增加，投资物品及相关产品的比重逐渐增加，消费产品的比重逐渐降低，而

1 西蒙·库兹涅茨. 各国的经济增长：总产值和生产结构[M]. 常勋，等译. 北京：商务印书馆，2015.

2 钱纳里，赛尔昆. 发展的形式1950—1970. 李新华，徐公理，迟建平，译. 北京：经济科学出版社，1988.

3 H. Chenery, L. Taylor. Development Patterns: Among Countries and Over Time [J]. *Review of Economics and Statistics*, 1968, Vol. 50, No. 4. 转引自张培刚. 发展经济学教程[M]. 北京：经济科学出版社，2001.

其他中间产品的比重大体不变[1]。对生产规模较大的经济较发达国家的制造业结构转换及原因分析表明，制造业发展受人均国民生产总值、需求规模和投资率的影响较大，受工业品和初级品输出率的影响较小[2]。钱纳里进一步将制造业分为早期工业、中期工业以及晚期工业三大类。[3]早期工业是指食品、皮革和纺织等在经济发展初期对经济发展起主要作用的制造业部门，这些部门的产品具有最终消费性质，主要用于满足基本生活需要，其需求的收入弹性小，生产技术简单；中期工业指经济发展中期对经济发展起主要作用的制造业部门，包括非金属矿产品、橡胶制品、木材以及木材加工、煤炭、石油以及化工部门等，这些部门的产品既有中间产品又有最终产品，需求的收入弹性高，因而其在发展中期增长较快，但只稍快于国民生产总值的增长；后期工业是指在经济发展后期对经济发展起主要作用的制造业部门，包括服装、日用品、印刷出版、粗钢、纸制品、金属制品以及机械制造等，这些部门的产品需求收入弹性很大，产业关联性强，在发展的晚期增长速度快，远远超过国民生产总值的增长；但

1 H. Chenery, L. Taylor. Development Patterns: Among Countries and Over Time [J]. *Review of Economics and Statistics*, 1968, Vol. 50, No. 4. 转引自张培刚. 发展经济学教程[M]. 北京：经济科学出版社，2001.

2 H. Chenery, L. Taylor. Development Patterns: Among Countries and Over Time [J]. *Review of Economics and Statistics*, 1968, Vol. 50, No. 4. 转引自张培刚. 发展经济学教程[M]. 北京：经济科学出版社，2001.

3 H. Chenery, L. Taylor. Development Patterns: Among Countries and Over Time [J]. *Review of Economics and Statistics*, 1968, Vol. 50, No. 4. 转引自张培刚. 发展经济学教程[M]. 北京：经济科学出版社，2001.

是，随着经济发展到相当高度的水平时，这些工业的发展速度也开始下降，甚至低于国民生产总值的增长，而逐渐兴起的一些新产品和新兴工业将取而代之，在国民经济发展中占据优势[1]。

2.1.3.4 霍夫曼法则

德国经济学家霍夫曼对重工业化问题进行了开拓性的研究，并提出了工业化阶段理论，又称为“霍夫曼法则”。他认为，在工业化进程中，由于资源配置、生产要素数量、部门技术水平、劳动者熟练程度和消费者消费偏向等因素的不同，各个工业部门的经济增长率并不相同，工业部门内部结构呈现一定的规律和倾向[2]。根据这一情况，霍夫曼将工业化过程分为四个阶段：在第一阶段，消费品工业占主导；到第二阶段，资本品工业快速发展，与消费品工业的差距缩小；第三阶段，资本品工业持续增长到与消费品工业比重持平；第四阶段，资本品工业超越消费品工业占主导地位，工业化完成。日本经济学家盐谷佑一利用产业关联理论对霍夫曼法则重新验证，发现霍夫曼法则适用于工业化初中期，即重工业占主导地位的工业化阶段[3]。因为随着科技进步，过去只用于基本建设和军事需要的重工业产品广泛用于制造消费资料，因而与霍夫曼时代相比，产业供求关系结构发生了变

1 H. Chenery, L. Taylor. Development Patterns: Among Countries and Over Time [J]. *Review of Economics and Statistics*, 1968, Vol. 50, No. 4. 转引自张培刚. 发展经济学教程[M]. 北京：经济科学出版社，2001.

2 张培刚. 发展经济学教程[M]. 北京：经济科学出版社，2001.

3 张培刚. 发展经济学教程[M]. 北京：经济科学出版社，2001.

化，重工业内部消费资料生产的比重日益增大，整体上消费品工业和资本品工业的比率会趋于稳定，而不是继续下降[1]。

2.1.4 人口变迁理论

2.1.4.1 刘易斯模型与拉尼斯—费景汉模型

英国经济学家刘易斯于1954年提出了著名的二元经济结构下的人口流动模型，又称“刘易斯模型”。该模型利用经济学里面的部门分析法解释了经济发展过程中人口的流动规律以及这种规律对经济发展的影响[2]。刘易斯模型指出：（1）一个国家或地区的经济可以分为工业部门和农业部门，其中工业部门占主导地位，是先进生产力的代表，而农业部门的作用主要是为快速发展的工业部门提供劳动力；（2）工业部门的劳动力供给是无限的，因为农村劳动的边际生产率极低，甚至为零或者为负，只要工业部门能为这些剩余劳动力提供高于农业收入的工资，就能使农业剩余劳动能力在利益的驱动下源源不断涌入工业部门，从而满足快速增长的工业部门对大量劳动力的需求[3]。因为工业部门为主导部门，农业部门则为工业部门提供丰富而廉价的劳动力，所以工业部门的扩张是经济增长的基础。并且，因为工业部门扩张的物质基础是资本积累，积累率越高，工业部门发展越快，其所能吸收的劳动力越多，因此资本积累是经济发展和农业劳动

1 张培刚. 发展经济学教程[M]. 北京：经济科学出版社，2001.
2 张培刚. 发展经济学教程[M]. 北京：经济科学出版社，2001.
3 威廉·阿瑟·刘易斯. 二元经济论[M]. 施炜，等译. 北京：北京经济学院出版社，1989.

力转移的唯一动力[1]。劳动力从农业部门向工业部门的转移将一直持续到工业部门将农业部门的剩余劳动力吸纳完为止，此时工业部门面对的劳动力供给弹性不再为零，而是向上倾斜的曲线，劳动力成为稀缺要素，人口由农村向城市的单纯转移结束[2]。刘易斯模型为人口在农业部门和工业部门之间的流动提供了有效的解释，但是因为其对农业部门发展的忽略以及对劳动力无限供给的假定并不符合实际，后来的一些学者在刘易斯模型的基础上进行了一系列的修正，其中以20世纪60年代的拉尼斯—费景汉模型为代表。

拉尼斯和费景汉于1961年以刘易斯模型为基础，提出了一个新的人口流动模型：拉尼斯—费景汉模型。它也与刘易斯模型一起被统称为“刘易斯—拉尼斯—费景汉模型”。拉尼斯和费景汉修正了刘易斯关于农业部门仅为工业部门提供剩余劳动力的假定，认为农业部门还可以为工业部门提供农业剩余（农产品）[3]。农业剩余的数量取决于农业部门的生产率以及劳动力总量，在农业劳动力逐渐向工业部门转移而总量日益减少的情况下，农业剩余的增长关键在于农业部门生产率的提高，农业劳动生产率的提高本身就是农业发展的体现，因而，他们以此为基础建立了包含农业和工业两部门发展的人口流动模型。在该模型中，拉尼斯和费景汉将劳动力从农业部门向工业部门流动的过程分为三个阶段：在第一

1 威廉·阿瑟·刘易斯. 二元经济论[M]. 施炜，等译. 北京：北京经济学院出版社，1989.

2 威廉·阿瑟·刘易斯. 二元经济论[M]. 施炜，等译. 北京：北京经济学院出版社，1989.

3 Gustav Rains, John C. H. Fei. A Theory of Economic Development [J]. *American Economic Review*, 1961 (4).

阶段，劳动边际生产力为零的农业劳动者向工业部门转移，由于该部分劳动力的边际生产率为零，他们从农业部门向工业部门转移并不影响农业剩余，工业部门对他们的补偿也不变；在第二阶段，劳动边际生产率大于零，但低于农业部门平均收入水平的那部分农业劳动力向工业部门转移，由于该部分劳动者的边际生产率并非为零，他们从农业部门向工业部门转移将导致农业剩余减少，农产品的价格上升，工业部门的工资上涨，只要工业部门的工资高于农业部门，劳动力依然会从农业部门向工业部门流动；在第三阶段，农业边际生产率大于农业部门工资的那部分劳动力向工业部门流动[1]。在第一、二阶段，农业部门的工资由道德和习惯所确定的制度工资决定，第三阶段时农业部门的工资则由市场决定。若不考虑农业部门生产率的变化，第一阶段时，农村剩余劳动力的转移对农业剩余没有影响，但在第二、三阶段，总的农业剩余随农业部门劳动力的减少而减少，其中，第二阶段时农业总产值下降，人均农业剩余也减少，从而导致转移至工业部门那部分劳动力的粮食消费低于其在农业部门中的粮食消费，并最终导致粮食短缺。也就是说，农业部门的发展是工业部门发展的前提条件，否则粮食短缺会制约工业部门的发展；只有提高农业生产率，才能为工业部门的继续发展提供农业剩余保障[2]。但是，农业部门的发展仅仅是工业部门发展的必要条件，工业部门和农业部门的平衡发展才是重要条

1 Gustav Rains, John C. H. Fei. A Theory of Economic Development [J]. *American Economic Review*, 1961 (4).

2 Gustav Rains, John C. H. Fei. A Theory of Economic Development [J]. *American Economic Review*, 1961 (4).

件，最好的情况是农业部门的农业剩余刚好足够工业部门对农产品的消费需求。这样，才能保证劳动力在农业部门和工业部门之间的转移能够持续进行，最终将农业剩余劳动力完全转移至工业部门[1]。

2.1.4.2 托达罗人口模型

针对许多发展中国家城市失业率上升与农村人口不断流向城市同时发生的现象，美国经济学家托达罗于20世纪60年代末70年代初建立了托达罗人口流动模型，对该现象进行解释。该模型的中心思想是人口的迁移过程取决于劳动力对其城乡收入差异的预期，而不是现实中城乡收入的真实差异。当劳动力预计他在城市中的收入高于农村时，就会随之迁移；否则，劳动力会选择继续留在农村[2]。由于劳动力流入城市以后是否能找到工作并非确定，因而其在评价自己进入城市后的收入时会在实际收入的基础上乘以就业概率，即预期收入。只有预期收入大于其在农村中的平均收入时，从农村向城市迁移才是有利可图的。此外，托达罗还引入了非正规部门就业的概念，修正了传统模型中劳动力要么在传统农业部门就业要么在先进工业部门就业的假设，使劳动力转移模型更符合现实[3]。非正规部门是指在城市中广泛存在着大量的小商店和路边小厂，这些行业和部门的运作和组织具有灵活

1 Gustav Rains, John C. H. Fei. A Theory of Economic Development [J]. *American Economic Review*, 1961 (4).

2 迈克尔·P. 托达罗. 经济发展[M]. 黄卫平，彭刚，等译. 北京：中国经济出版社，1999.

3 迈克尔·P. 托达罗. 经济发展[M]. 黄卫平，彭刚，等译. 北京：中国经济出版社，1999.

性和易变性，填补了现代工业部门的空缺，吸纳了大量的劳动力，为从农村转移到城市而未能在正规部门就业的劳动力提供了工作岗位。事实上，劳动力由农村进入城市，很难一步到位立刻在正规部门找到工作，更常见的情况是被非正规部门吸纳。而托达罗的人口流动模型就讨论了劳动力在农业部门、城市正规部门以及城市非正规部门间的流动。托达罗模型主要有四个基本结论：（1）迁移的成本/收益比较是人口迁徙的决策基础；（2）城乡收入的预期差异是决定劳动力迁移的关键因素，这主要由部门的工资水平和就业概率决定；（3）城市传统部门的就业人数和现代部门新产生的职位数决定了就业概率，就业概率的大小能自动调整劳动力的迁徙行为；（4）城乡收入差距的扩大，会使就业概率对人口流动的影响减弱，当人口流入城市的速度大于城市现代部门产生新职位的速度时，会出现城市失业现象[1]。因此，在制定相关政策时，应考虑以下方面：（1）减轻发展战略偏向城市而导致的城乡就业机会不均等，特别是控制城乡收入差距。（2）创造城市就业机会很难解决城市失业问题，反而可能诱发劳动力从农村向城市迁移，进而导致更严重的城市失业问题以及农村产出降低问题。（3）不加选择地发展教育会加剧人口流动和恶化失业现象，因为城市部门更青睐雇用受教育程度高的劳动力，接受教育程度越高的农村劳动力在城市就业的概率也就越大，从而导致其在城市就业的预期收益上升，迁移的概率上升；因此，在农村地区不加选择地普及教

1 迈克尔·P. 托达罗. 经济发展[M]. 黄卫平，彭刚，等译. 北京：中国经济出版社，1999.

育，会导致人口向城市迁移的速度加快，从而导致城市失业问题加剧。（4）对城市部门劳动者采取工资补贴并非扩大城市就业的有效方法，因为这会扩大城乡收入差距，进一步加剧人口流动。（5）若要控制或消除城市失业问题，就必须鼓励和支持农村发展，农民只有收入水平提高了，才不会因为迁往城市的预期收益高而涌入城市[1]。

2.2 城镇化及城镇化模式的基本内涵

2.2.1 城镇化的内涵

关于城镇化的内涵，不同学科背景的学者曾从各自学科出发，进行过相关界定，如人口学者强调人口从农村向城市的转移，经济学者强调农村经济形态向城市经济形态转变，地理学者强调经济社会生活地域空间由农村地域特征逐渐转变为城市地域特征，社会学者则强调农村生活和行为方式向城市生活和行为方式的转变[2]。但是，随着对城镇化内涵的不断深入研究，学者们越来越倾向于认为城镇化是一个综合化的转变过程，具有多层意义。总的来说，城镇化的内涵可以归纳为四个方面：（1）人口城镇化，城镇化是农村人口不

1　迈克尔·P. 托达罗. 经济发展[M]. 黄卫平，彭刚，等译. 北京：中国经济出版社，1999.

2　简新华，何志扬，黄锟. 中国城镇化与特色城镇化道路[M]. 济南：山东人民出版社，2010.

断向城镇转移的过程，即人口结构的转化；（2）经济城镇化，城镇化是农业逐渐转化为非农产业，并且伴随着非农产业持续向城镇集中的过程，即经济结构的发生转变；（3）地域空间城镇化，城镇化是地理上的农村区域逐渐转化为城市区域的过程，即城市农村在空间结构上的演化；（4）社会生活城镇化，城镇化是传统农村社会逐步转化为现代城市社会的历史过程[1]。除了以上四个方面，城镇化的过程也是自然、封闭、落后的农村文明向以先进的现代化城市基础设施和公共服务设施为标志、以现代工业和服务经济为主的现代城市文明转变的过程，是居民的生活、行为、思维、文化素养以及价值观念的改善和提高的过程[2]。此外，城镇化可以分为四个层次：第一层次是乡村转化为城市并最终被城镇所同化；第二层次是乡村内部城镇化；第三层次是城镇自身的发展，即城镇的城镇化；第四层次是不同学科领域研究对象的城镇化，包括人口、经济、地域以及生活方式等[3]。

新型城镇化则是人口的城镇化[4]，是人和土地协调发展的城镇化，还是随着工业化进程的农村剩余劳动力向非农转移，农村人口向城镇人口转变的过程[5]。也有学者认为新型城

1 刘传江. 中国城市化的制度安排与创新[M]. 武汉：武汉大学出版社，1999.

2 秦润新. 农村城镇化理论与实践[M]. 北京：中国经济出版社，2000.

3 高珮义. 中外城市化比较研究[M]. 天津：南开大学出版社，2004.

4 张曙光. 做一个真正城镇化的土地利用规划[J]. 土地科学动态，2013，5（3）：1-3.

5 蔡继明. 新型城镇化应当构建有效利用土地的新机制[J]. 土地科学动态，2013，5（3）：15-16.

镇化是社会经济、自然资源以及生态环境等各方面协同协调发展的综合城镇化，包括人口城镇化、土地城镇化以及工业城镇化[1]；另外，也可以从人口城镇化、经济城镇化、社会城镇化以及资源城镇化四个方面对新型城镇化进行理解并付诸实践[2]。新型城镇化是促进我国社会经济协调、持续以及健康发展的战略选择，其特点是有利于消除城乡二元结构，有利于城乡居民共同富裕，有利于产业结构调整，有利于实现经济可持续发展[3]。

综上所述，新型城镇化的内涵是以城镇化的基本内涵为基础，针对过去我国城镇化即传统城镇化进程中出现的问题而提出的。新型城镇化的核心是人的城镇化，是随着工业化进程人口数量向城镇集聚、人口素质不断提高的过程，新型城镇化更强调人口、资源与环境的综合协调，是消除现有城乡二元结构、实现城乡共同发展的战略选择。

此外，在对城镇化内涵的探讨过程中，学者们对城镇化和城市化之间的关系也存在两种不同的看法：一种看法认为，城镇化和城市化没有本质区别，是英文单词urbanization的不同的译法，但是城镇化更强调行政化及镇在整个城市体系中的重要性[4]，且由于中国的城镇数量众多、覆盖面广，城

1 严金明，夏方舟. 土地利用规划改革方向[J]. 土地科学动态，2013，5（3）：10-12.

2 冯长春. 土地利用规划既要促进城镇化也要保护耕地[J]. 土地科学动态，2013，5（3）：4-5.

3 冯广京. 以土地利用规划促进城镇化健康发展[J]. 土地科学动态，2013，5（3）：6-7.

4 周伟林. 中国城市化：内生机制和深层挑战[J]. 城市发展研究，2012（11）.

镇化更能反映中国的国情以及中国城市化的特殊性[1]。另一种看法认为，城镇化与城市化是两个相互联系但又相互区别的概念。根据城市发展的五个层次，城镇化只表达了城市化特定阶段的特定层面，不能涵盖城市化的全部内涵，因为城镇化和农村工业化一样，只是农村城市化的一种途径，而农村城市化只是城市化的一部分，当前实施的城镇化战略只是我国城镇化基本实现前的城市化战略，当城市化基本实现后，就应该改变城镇化战略，制定新的城市化战略[2]。也有人认为城镇化的内涵大于城市化，既包括城市化，又包括农村城镇化，所以城镇化不仅是各类型城市的发展壮大以及城市群的形成发展，而且是农村小城镇经济和人口集聚能力的发展，即农村小城镇的发展[3]。

本书采用第一种释义，即城镇化与城市化没有本质区别，只是城镇化的表述更能反映中国的特殊国情。

2.2.2 城镇化模式的内涵

《现代汉语词典》对“模式”一词的解释是：事物的标准样式。城镇化模式也就是城镇化的标准样式，即为实现城镇化目标，在城镇化过程中所普遍采取的方法和手段、推荐路径以及城镇化与社会经济发展之间的时间关系和空间关系。由于城镇化模式的内涵丰富，不同的研究和学者对城镇

1 项继权. 城镇化的“中国问题”及其解决之道[J]. 华中师范大学学报：人文社会科学版，2011（1）.

2 周加来. 城市化·城镇化·农村城市化·城乡一体化——城市化概念辨析[J]. 中国农村经济，2001（5）.

3 严金明，夏方舟. 土地利用规划改革方向[J]. 土地科学动态，2013，5（3）：10-12.

化模式的内涵认定不同。

根据城镇化与工业化的关系，城镇化模式可分为四种模式，即滞后城镇化模式、同步城镇化模式、过度城镇化模式以及逆城镇化模式；根据城镇的空间分布关系，可分为集中城镇化模式、分散城镇化模式以及城乡一体化模式；根据主导力量的不同，可分为政府主导的城镇化模式、市场主导的城镇化模式以及二者结合的城镇化模式；根据城镇人口规模等级及其之间的结构关系，可分为大城市发展模式、中等城市发展模式、小城市发展模式、小城镇发展模式以及城市群发展模式；根据人口的流动方式不同，可分为就地城镇化模式和异地城镇化模式；根据城镇化进程中对资源的利用方式及发展方式，可分为集约型城镇化模式和粗放型城镇化模式；根据城镇化进程中城乡关系的不同，可分为城乡融合型城镇化模式和城乡分割型城镇化模式。

本书所指的城镇化模式，是以城镇化进行过程中所形成的不同规模等级城镇及其之间的结构关系为分类依据，所形成的大城市发展模式、中等城市发展模式、小城市发展模式、小城镇发展模式以及城市群发展模式。

2.2.3 城镇化与城镇化模式的关系

根据城镇化和城镇化模式的内涵可知，城镇化模式是城镇化过程的重要组成部分，是为实现城镇化目标而采取的方法和手段；城镇化的实现过程中必然出现一种或几种城镇化模式，这离不开城镇化模式的选择。

城镇化目标是影响城镇化模式的首要因素。城镇化目标是目的，城镇化模式是实现目标的手段，无论采取何种城镇化模式，都是为了更好地实现城镇化目标。由于城镇化本身包含四个方面五个层次，且其四个方面的发展并非始终统一，五个层次的发展也并非逻辑递进关系，不同的城镇化模式在实现城镇化综合目标方面各有所长。其中，小城镇发展模式更有利于人口和地域的城镇化，而对经济和社会生活城镇化的促进作用较弱；大城市发展模式更有利于人口和经济的城镇化，而对地域和社会生活城镇化的促进作用较弱；相比小城镇发展模式和大城市发展模式，中等城市发展模式和小城市发展模式能比较平稳地促进人口、经济、地域以及社会生活等四个方面城镇化缓慢、均衡地发展；城市群发展模式则会促进人口、经济、地域以及社会生活的全面城镇化。小城镇发展模式的优势在于促进乡村内部城镇化，大城市发展模式则在促进乡村城市化以及城镇自身发展方面具有优势，中等城市发展模式的优势在于促进乡村城市化以及城镇自身发展，小城市发展模式的优势在于促进乡村内部城镇化以及城镇自身发展，而城市群发展模式可在五个层次上全面促进城镇化的发展。

不同的城镇化模式对应于不同的城镇化目标，不同的城镇化模式也受所处社会历史阶段和现实客观条件的制约。根据“诺瑟姆曲线”，以人口城镇化率为依据，城镇化可分为三个阶段：城市化初期、城市化中期以及城市化后期。在城镇化初期，城镇化速度缓慢，城镇化水平低下，处于这一水平的城镇化发展阶段时，城镇化水平的提高以及城镇化速度的提升是城镇化的主要议题，因此这一时期可以采用能促进人口由农村向城镇转变、提高城镇化率的城镇化发展模式。在城镇化中期，城镇化速度加快，城镇化水平较之初期也有提升，处于这一时期的城镇化，其人口城镇化率显著上升，但是经济、区域空间以及社会生活的城镇化转变速度不一定随着人口城镇化率的提升而提升，这一时期则可根据具体情况，采用能进一步促进人口增长或者能促进经济、区域空间或者社会生活等方面城镇化水平提高的城镇化模式。在城镇化后期，城镇化速度减缓，城镇化水平较高，这一时期城镇化基本完成，城镇化的主要任务在于促进城镇化四个方面的全面均衡发展，故而应采取能促进城镇化全面均衡发展的城镇化模式。此外，受现实条件的制约，不同国家或地区，在不同历史阶段所适用的城镇化模式并不相同。首先，不同的工业化水平所适用的城镇化模式不同。若工业化水平低下，增长极的培养与发展是整个区域经济发展的目标与重点，则应采用适应增长极培育与发展的城镇化发展模式；若工业化基本实现，经济社会的全面发展成为区域发展的主题，则应采用全面促进人口、经济、地域空间以及社会生活四个方面城镇化的发展模式。其次，自然禀赋不同，城镇化所采取的模式也不同。地势平坦区域与地势崎岖的区域所适用的城镇化模式不同，矿藏资源丰富的区域与地理位置优越的区域所适用的城镇化模式不同，区域辽阔与狭小区域所适用的城镇化模式不同，人口密度大的区域与人口密度小的区域所适用的城镇化模式也不同。第三，不同的社会经济制度也会影响城镇化模式，自上而下的城镇化与自下而上的城镇化能采取的城镇化模式也有所不同。最后，区域内的基础设施条件不同，其所适用的城镇化模式也不同。一般来说，基础设施完善的地区可以选择的城镇化模式多于基础设施建设落后的地区。

2.3 本章小结

首先，本章对城镇化模式的基础理论进行了梳理。其中，城镇演化理论揭示了在城镇化的历史进程中，城乡关系演变以及城镇演变的一般规律。城镇化过程的本质也是经济发展的过程，区域非均衡发展理论则揭示了一个国家或地区在资源有限的情况下，在经济发展的动态过程中，怎样的资源配置更有利于经济更好更快地发展。产业发展是经济发展的根本动力，城镇化则是产业发展的载体，产业演变理论揭示了产业由初级到高级的演变规律以及产业结构的转换规律。人口城镇化是城镇化最重要的方面，也是城镇化最关键的评价指标，人口变迁理论揭示了在经济发展过程中，人口从农村向城市转移、从农业向非农产业转移的规律。

接着，本章对城镇化、城镇化模式的内涵进行了界定，并对二者的关系进行了分析。城镇化是指在工业化进程中人口不断由农村、经济、地域空间以及社会生活由农村向城镇转化的过程。而新型城镇化以城镇化的基本内涵为基础，针对过去我国城镇化即传统城镇化进程中出现的问题而提出，其核心是人的城镇化，是综合协调人口、资源与环境，消除现有城乡二元结构，实现城乡共同发展的战略选择。城镇化模式则是为实现城镇化目标，在城镇化过程中所普遍采取的方法和手段、推荐路径以及城镇化与社会经济发展之间的时间关系和空间关系。不同的分类标准导致城镇化模式的分类并不相同，本书所指的城镇化模式是以城镇化进行过程中所形成的不同规模等级城镇及其之间的结构关系为分类依据，所形成的大城市发展模式、中等城市发展模式、小城市发展模式、小城镇发展模式以及城市群发展模式。城镇化模式是城镇化过程的重要组成部分，是为实现城镇化目标而采取的方法和手段；在不同的社会历史阶段和现实客观条件下，需要对城镇化模式进行选择。

3

城镇化模式的发展机理

3.1 城镇化模式的种类

根据城镇化进行过程中所形成的不同规模等级城镇及其之间的结构关系，城镇化模式可分为大城市发展模式、中等城市发展模式、小城市发展模式、小城镇发展模式以及城市群发展模式。

3.1.1 大城市发展模式

大城市发展模式就是在城镇化过程中优先发展大城市、特大城市和超大城市（以下统称大城市），在要素流动、政策支持等方面都向大城市倾斜，从而使城镇体系中大城市的经济比重、人口比重以及社会文化先进性明显优于其他规模的城镇。在大城市发展模式下，大城市在人口、土地以及资本方面占据重要优势，其经济发达、社会发展成熟、文化先进，并且由于集聚作用，大城市在本身各类资源已占优势的情况下，仍源源不断地吸引其他地区的各种资源，使得其在经济、人口、土地、资本、技术等各方面不断膨胀，从而成为整个国家或地区的经济中心、政治中心、文化中心以及创新中心。由于大城市在各个方面都占据绝对优势，其他规模城镇和大城市相比不具备竞争力，这些城市便成为大城市的资源供应者以及效仿者。在大城市发展模式下将形成以大城市为中心，其他规模城镇围绕大城市、依附大城市而生存的城镇格局。

大城市发展模式的优势是由大城市本身的优势及优点所决定的。因为极化作用的原因，大城市经济发达，商业活动密集，是一个国家或地区最先进生产力和最先进文化的代表，也是科学技术和观念思维创新的摇篮。同时，大城市集聚了一个国家或地区最发达的工业产业、最先进的商业模式以及最优秀的高校和科研机构，是一个国家或地区的经济增长中心和创新中心。大城市的快速发展能快速促进整个国家或地区的经济增长。此外，由于辐射作用以及经济梯度差，大城市的发展能带动周边地区的经济发展。因而，大城市的发展不但有利于大城市本身的经济发展，对周边地区的发展也是有利的。特别是在经济发展落后、各类资源较为匮乏的情况下，将资源配置向大城市集中能较快实现经济快速增长并带动周边发展，从而为实现经济全面发展提供物质基础。

大城市发展模式也有其劣势。从单个城镇的角度来看，城市规模过大容易出现“大城市病”，包括土地成本过高、资源短缺、基础设施紧张、环境恶化等。并且大城市的发展以吸引其他规模城镇或农村的资源为支撑，故而，大城市的快速发展必然会抢占甚至掠夺其他规模城镇的资源，从而抑制其他规模城镇的发展。从整个城镇体系来看，在大城市发展模式下，大城市具有明显突出的优势，其他规模城镇相对弱小，整个国家或地区的发展将处于失衡状态，并不利于经济的全面发展。

3.1.2 中等城市发展模式

中等城市发展模式就是在城镇化的过程中优先发展中等城市，资源和政策向中等城市倾斜，从而使城镇体系中中等城市的数量、经济以及人口比重占据重要优势。在中等城市发展模式下，中等城市整体上在人口、土地以及资本方面占据重要优势，其经济比较发达，整体经济总量大，社会发展较为成熟，文化比较先进，并在占据政策优势的情况下，持续从其他规模城镇及乡村中吸引人口、资本以及技术。从单个城镇规模来看，无论从经济还是社会、文化等方面，中等城市比中小城市及小城镇经济更发达、社会更成熟、文化也更先进，同时具备一定的大城市的功能，更在土地成本、资源、基础设施以及环境等方面相比大城市拥有一定的优势。在中等城市发展模式下，中等城市是大城市和小城市以及小城镇之间的枢纽[1]。其一方面分担了大城市的功能，承接大城市的产业转型和升级，吸引各种要素向自身流动，一方面引领小城市和小城镇的发展，成为小城市的效仿对象。

积极推行中等城市发展模式主要原因在于中等城市兼具大城市、小城市以及小城镇的优点，同时又避免了大城市的"大城市病"和小城市以及小城镇的"农村病"[2]。中等城市具有一定的规模效益，其在规模经济、集约用地、环境保护等方面具有一定的优势，一定程度上有利于城镇化质量的提高。此外，中等城市在空间上分布范围较为广泛，推行中等

1　王克忠，周泽红，孙仲彝，朱惠霖. 论中国特色城镇化道路[M]. 上海：复旦大学出版社，2009.

2　王克忠，周泽红，孙仲彝，朱惠霖. 论中国特色城镇化道路[M]. 上海：复旦大学出版社，2009.

城市发展模式，有利于平衡区域发展以及全面城镇化。

当然，中等城市发展模式也有缺点。由于中等城市在大中小城市体系动态演化过程中是小城市向大城市的过渡，在其具备大城市和小城市、小城镇优点的同时，也兼具大城市和小城市、小城镇的缺点。由于其极化作用以及规模效益不如大城市，故而中等城市发展模式不能快速带动经济发展，而其布局不如小城市和小城镇密集，对人口素质的要求相对较高，故而在全面城镇化发展以及农村城市化过程中的表现不如小城市、小城镇。

3.1.3 小城市发展模式

小城市发展模式就是在城镇化的过程中优先发展小城市，资源和政策向小城市倾斜，从而使城镇体系中小城市的数量、经济以及人口比重占据重要优势。在小城市发展模式下，小城市整体上在数量、人口、土地以及资本方面占比高，其经济运行良好、整体经济总量大、社会安定、环境优良、适宜人居，并在占据政策优势的情况下，持续从其他规模城镇及乡村中吸引和承接人口、资本以及技术。

积极推行小城市发展模式，有利于农村城镇化。从农村城镇化的角度来看，一般而言，小城市的产业高度化水平较低，进入门槛也较低，故而对进城农民而言，其就业机会较多；再加之小城市的定居成本相对较低，故而成为农民市民化过程中的最佳选择之一。从经济发展角度来看，由于小城市的经济效益高于小城镇，且其产业基础和基础设施建设相对完整，大力推动小城市的发展，有利于全面城镇化的实施。此外，小城市发展模式还有利于城乡协调发展。因为小城市分布范围广，甚至可以说小城市分布在广大农村中，有利于城市和农村的交流和沟通[1]。一方面，小城市承接、转移大城市和中等城市的产业，促进自身的经济发展、产业升级，同时传播大城市和中等城市的文化，发展自身文化；另一方面，小城市作为集聚中心，可引领和带动周边小城镇及农村地区的经济发展。

小城市发展模式的劣势在于小城市规模效益低下，大力推行小城市发展模式不利于经济快速发展。在经济发展初期资源有限的情况下，大力发展小城市也意味着可用于大城市和中等城市发展的人口、资金以及技术等方面的资源被转移至小城市，而小城市并不能引领经济发展和技术创新，盲目推行小城市的发展则可能影响经济的快速起飞与发展。其次，小城市人口集聚程度低，不利于基础设施的完善与充分利用。由于部分基础设施需要一定的人口规模门槛才能充分利用，小城市人口规模较小，达不到这些基础设施利用的最低门槛，最终将出现基础设施的闲置和浪费。最后，小城市土地利用率低下，在人地关系紧张的国家或地区，推行小城市发展模式将使土地资源紧张的局面进一步恶化。

3.1.4 小城镇发展模式

小城镇发展模式就是在城镇化的过程中优先发展小城镇，资源和政策向小城镇倾斜，从而使城镇体系中小城镇的数量、经济以及人口比重占据重要优势。在小城镇发展模式

---

1 王克忠，周泽红，孙仲彝，朱惠霖. 论中国特色城镇化道路[M]. 上海：复旦大学出版社，2009.

下，小城市整体上在数量、人口、土地以及资本方面占比高，其经济运行良好、整体经济总量大、就业人口多、社会秩序良好、生态环境优美、人和自然关系和谐，并在占据政策优势的情况下，持续从乡村中吸引人口、资本以及技术并承接其他大中小城市的产业、技术和人口。

积极推行小城镇发展模式，是农村城镇化的最佳途径。小城镇一般位于城乡接合处，很多小城镇本身就是农村集聚中心或是由农村集聚中心发展而来。从产业角度来看，小城镇一般依托当地的农业资源优势与人口优势，发展劳动力密集的第二或者第三产业，对农村剩余劳动力的吸纳能力强，进入门槛也低，十分有利于农民实现就地城镇化。小城镇发展模式有利于经济的快速起飞与发展。这是由于小城镇就业灵活，基础设施投资小，小城镇发展模式下对小城镇的投资相对较小，在资本等稀缺资源本身有限的情况下，可将更多资源投资于大中小城市，在更好地促进其他规模城镇发展的同时促进经济的快速发展。此外，小城镇发展模式也有利于快速城镇化与全面城镇化。首先，小城镇是城镇体系中最初级的城镇形态，其在城镇体系中的数量最多、分布最广泛，小城镇的发展意味着城镇在空间上覆盖广泛，再加之小城镇吸纳了大量的农村人口，小城镇发展模式下，人口城镇化率高。最后，小城镇发展模式有利于城乡协调发展。由于小城镇与农村之间的关系，小城镇的发展能够直接带动农村的发展，进而促进城乡协调发展。

小城镇发展模式的劣势在于小城镇缺乏规模效益。小城镇无论是面积还是人口，其规模都相对较小，并不适合发展现代经济中的先导产业，其单位用地和人均产出都较低。小城镇发展模式不利于城镇化质量的提高。首先，小城镇能实现的城镇化一般是就地城镇化，而农村与城镇在地理上的近距离导致进城人口不能隔断与农村的经济、社会与文化联系，导致小城镇的城镇居民大多为“裹着城镇居民外皮的农村居民”；其次，小城镇本身的地理位置导致其经济、产业和文化与农村有着千丝万缕的联系，再加之小城镇的基础设施并不完善，某种程度上，小城镇更像是农村集聚点，而非城市的延伸。

3.1.5 城市群发展模式

城市群发展模式是在城镇化过程中根据城镇之间的经济关系、地理关系与人文关系的远近，确立一系列联系紧密的城市所形成的城镇体系为相对独立的区域即城市群，在要素流动、政策支持等方面向这些城市倾斜，从而使城市群整体经济更发达，内部功能更协调。在城市群发展模式下，整体来看，一系列城市作为一个整体与其他城市群或者地区竞争，不断吸引人口、资本以及技术进入城市群内部，促进经济发展，不断实现创新；从城市群内部来看，各级城镇之间既垂直联系又横向联系，其以少数几个大城市为中心，其他各级城镇在经济上与大城市互补，在产业上支撑大城市，在文化上效仿大城市，各级城镇之间在经济、交通、文化上相互协调，紧密联系。

城市群发展模式的优势是由城市群的优势决定的。首先，城市群是一个国家或地区的发展动力，也是全球的经济控制中心[1]。无论是世界还是中国的经验都表明，城市群引领世界经济的发展与走向，不仅是地区经济文化中心，更是一个国家或地区的门户和枢纽。其次，城市群具有强大的集聚效应。以少量大城市为中心的城市群本身就是一个增长极，其不但从周边地区，甚至从全球各地源源不断吸引资本、人口与技术，持续创新，引领经济增长。第三，不同的城市群因经济基础、资源条件等各不相同，可根据经济发展规律，互相协调、因地制宜，实施最有利于本城市群发展的各种规划与措施，从而形成规模、功能以及定位各不相同的城市群；不同城市群共同发展，最终实现一个国家或地区的整体发展。最后，城市群内部各级城镇之间协调发展。城市群内部以少量大城市为中心，其他规模城镇在产业上是大城市的延伸，在文化上是大城市的复制者和传播者，各级城镇相互联系，形成一个产业相对完整、文化相对一致的相对独立的城镇体系，城市群内部城镇之间以相互支撑互相合作为主的良性竞争为常态，可有效避免内部各城镇之间产业重复建设等恶性竞争，提高资源配置效率，减少浪费；且其独立完整的城镇体系无论是在经济发展、文化传播抑或是社会认同方面，都有共同发展的惯性以及较强的抗干扰能力。

城市群发展模式也有其劣势。首先，城市群的形成和发育需耗费大量的资源。因为，城市群内部必然要以一个或几个大城市为中心，大城市的培育以及大城市的集聚效应成为城市群是否能够形成的首要条件；此外，为加强城市群内部

1　方创琳，毛其智，倪鹏飞．中国城市群科学选择与分级发展的争鸣及探索[J]．地理学报，2015（4）．

城镇之间的联系，需投入大量资源进行城市群内部基础设施建设；再者，由于城市群内部城镇相比城市群外部城镇有着巨大的优势，在认定城市群、推进城市群发展模式之初，各类城镇会想尽办法挤入城市群内部以获得更多的内部资源，这些努力有的会促进经济社会的发展，有的则将是资源浪费、无效建设。其次，未被纳入城市群发展模式的各级城镇的发展会受城市群的制约。由于城市群本身就是一个增长极，其不断从周边区域或全球各地吸引资金、人口和技术，处于城市群外的各级城镇则成为城市群增长极的资源供应地，其本身的发展将受到限制。

3.2 城镇化模式的驱动机理

3.2.1 工业化是影响城镇化模式的根本动力

根据工业化经典理论，随着工业化进程，三次产业结构中的第一产业国民收入比重及劳动力比重逐渐下降，第二产业国民收入比重逐渐上升而劳动力比重保持不变，第三产业国民收入比重保持不变但是劳动力比重上升。产业结构向第二、三产业转变以及劳动力向第二、三产业转移的过程也是产业和劳动力不断积聚的过程，产业和劳动力的不断积聚使原有城镇的规模不断扩大，也不断产生和发展新的城镇。一系列的城镇发展变化以不同规模不同等级的城镇组成的城镇体系呈现，各城镇之间互相联系、互相制约，城镇化模式由此形成。

工业化通过吸纳效应影响城镇化模式。产业的发展与结构转变引致劳动力在城乡之间以及各级城镇之间流动，导致新的城镇形成、原有城镇规模改变，从而改变城镇体系，形成城镇化模式。在工业化进程中，产业结构会由低水平向高水平演变，具体表现为：三次产业结构由“一二三”变为“二三一”再演变为“三二一”，工业产业的发展由轻工业转向重工业，对生产要素的依赖程度由劳动力密集型产业向资本密集型产业再向技术和知识密集型产业演变，产业层次由消费性服务业向生产性服务业演变。伴随着产业结构演变的则是劳动力的流动。总的来说，随着工业化的进程，劳动力由农业逐渐向非农产业流动。劳动力在非农产业之间的流动则与产业性质相关。随着工业化进程，第三产业的劳动力比重会逐渐上升，第二产业的劳动力比重维持不变，因而第三产业的劳动力吸纳能力优于第二产业。在第二产业内部，轻工业对劳动力的吸纳能力优于重工业。此外，劳动力密集型产业对劳动力的吸纳能力优于资本密集型和知识密集型产业，生产性服务业对劳动力的吸纳能力优于消费性服务业[1]。整体来说，非农产业的发展引起劳动力向非农产业流动，从而导致原有城镇规模不断扩大，新的城镇不断形成。从单个城镇来看，第三产业、轻工业、劳动力密集型产业以及生产型服务业对劳动力的吸纳具有优势，因而，第三产业、轻工业、劳动力密集型产业或者生产型服务业发达，或以这些产

1 刘辉煌，刘小方. 我国生产性服务业就业吸纳能力的实证分析[J]. 东北财经大学学报，2008（1）.

业为主导产业的城镇，其规模也相对较大。从城镇体系来看，在产业演化过程中，由于成本关联以及需求关联，制造业和生产性服务业趋向于空间集聚，且不同时期下各类水平的制造业需要不同的生产性服务业与之匹配，再加上产业分布异质性以及产业发展不平衡性的现实国情，第二、三产业或集聚于同一城市，或以某一城市为中心，集聚于若干毗邻城市中[1]。产业的集聚引致劳动力的集聚，第二、三产业紧密的同一空间集聚会引致单个城镇规模的变化，而第二、三产业相对松散的不同空间的集聚则影响了不同规模城镇之间的经济关系，促进了城市群的形成。

工业化通过协调效应影响城镇化模式。由于我国产业多样化以及产业空间分布不平衡的现实国情，产业之间的调整以及产业内部的升级都必然伴随产业在空间布局上的优化和调整[2]。纵向来看，改革开放至20世纪90年代中期，我国乡镇企业遍地开花，以乡镇企业为代表的制造业的发展吸引了大量的农村剩余劳动力，农民离土不离乡，各类小城镇发展迅速，形成了小城镇发展模式。而90年代中期以后，随着工业化、市场化以及全球化的加速，产业集聚效应进一步凸显，集群发展的外向型制造业成为我国经济的重要支柱，也成为吸纳劳动力的重要产业。与此同时，以基础设施、城市建筑为代表的投资剧增，也吸纳了大量的劳动力。外向型制造业的迅速发展使以上海、广州为代表的沿海大城市迅速发展，

1 陈国亮，陈建军. 产业关联、空间地理与二三产业共同集聚[J]. 管理世界，2012（4）.

2 黄勤，曹汐. 产业转型升级在新型城镇化进程中的作用[J]. 城市问题，2016（7）.

而基础设施以及建筑投资的增加则为这类城市规模进一步扩大提供了物质条件。然而，在经济增长步入中高速平台的新常态下，产业分工深化以及产业结构空间演进已成为经济结构转型升级的必然选择[1]，制造业由东部向中西部转移，劳动密集型产业由东部向中西部转移，产业的转移必然引起劳动力的流动，进而影响城镇的规模布局。

工业化通过溢出效应影响城镇化模式。由于粗放的发展方式以及较弱的自主创新能力，我国的产业发展一直处于“代工—出口—微利化—品牌、销售终端渠道与自主创新能力缺失—价值链攀升能力缺失”非意愿性恶性循环发展模式中[2]。在这一发展模式下，高速度的经济增长与巨大的土地和劳动力投入相伴，城镇规模不断扩大，新的城镇不断涌现，城镇化实现了量的增加，城镇体系空前庞大。然而，由处于价值链低端的生产制造向价值链高端的研发设计攀升是我国产业发展功能升级的必然选择，即产业发展要由制造业向现代服务业延伸，制造业趋向服务化。在这个过程中，生产性服务业通过其显著的产业融合效应以及资源整合功能产生空间溢出效应，从而促进城市的功能升级，并改变城镇之间的关系[3]。

---

1 金碚. 产业转移、结构升级的积极动向 [N]. 人民日报，2013-01-14.

2 刘志彪，于明超. 从 GVC：走向 NVC 长三角一体化与产业升级[J]. 学海，2009（5）.

3 李程骅. 服务业推动城市转型的“中国路径”[J]. 经济学动态，2012（4）.

3.2.2 自然禀赋是影响城镇化模式的基础条件

自然资源是促进经济增长的物质基础，最早的城市大多形成于自然资源丰裕之地，许多城市也因为自然资源完成原始积累。自然条件也是影响城镇之间联系的重要因素。与此同时，自然资源也约束了城镇的发展。自然资源作为环境条件，要求城镇发展必须与资源承载力相适应。

自然禀赋是城镇体系发展的基础。从单个城镇来说，城镇建设以自然禀赋为载体。首先，城镇土地是进行生产和生活的载体。一般而言，城镇规模越大，城镇建设所占用的土地也越多。除了面积要求以外，城镇生产生活对地形地貌也有一定要求。地势平坦有利于人员和物资的流通，最初的城市大多都建立于地势平坦的地方。其次，水资源也是城镇发展的重要因素。由于水是人类生存不可或缺的资源，城镇规模的扩大意味着人类生存对水资源的需求也会增大，故而必须以充足的水资源为基础；同时，产业的发展也离不开水资源，对水资源的依赖程度不同使不同产业集聚于不同城镇中。第三，矿藏资源等其他自然资源是工业生产的原材料，丰富的矿藏资源可促进资源型城镇的繁荣，矿藏资源的衰竭也可能导致城镇的衰败。从城镇体系角度来看，在一定技术条件下，自然资源的承载力决定了其所能承载人口的上限，也决定了不同城市所能达到的规模极限。最后，不同资源的分布规律也是城镇空间布局的基础。综上所述，各类自然资源及其引致的其他要素在城镇间的流动是城镇间互动交流的内容，也是城镇关系形成和发展的基础。

自然禀赋制约着城镇化模式的发展变化。由于资源消耗与城镇规模之间呈倒U形的关系，现有的自然资源条件便成了城镇化模式发展变化的制约因素[1]。如果某一地区自然资源相对人口而言具有稀缺性，资源消耗过多会触及甚至超过该地区资源承载力上限，则应选择与当地自然资源条件匹配的城镇化模式，以实现城镇化的可持续发展。因为城镇规模过小或过大都会导致过高的资源消耗量，所以，在资源条件约束下，盲目地促进小城镇或大城市发展都不是正确的城镇化发展模式。若该地区自然资源丰富，其相对人口而言不具有稀缺性，即无论资源耗费量多少，都在区域资源承载力范围以内，则城镇化模式的选择不受自然禀赋的制约。但是，无论从全球资源和人口的关系，还是中国的具体国情来看，自然资源对人口的稀缺性是绝对的，即城镇化模式的选择应以自然资源的约束为基础。即使个别地区自然资源相对充裕，但在经济高度全球化和市场化的今天，相对于粗放地利用资源，合理集约地利用资源不但会使社会的整体效用最大化，也能给资源丰裕地区带来额外的经济效益。因此，即使自然资源相对丰富，在城镇化进程中，也应该考虑资源消耗与城镇规模之间的关系，在资源消耗合理化的前提条件下，选择合适的城镇化模式。

3.2.3 社会经济制度是影响城镇化模式的关键因素

城镇化模式的发展固然是工业化进程中自然禀赋约束条件下产业集聚的结果，然而，不同的国家或地区、自然条件

1 许抄军. 基于可持续城市化的我国城市规模、体系及实现机制研究[D]. 长沙：湖南大学，2008.

相似的国家和地区以及同一国家或地区在不同的发展阶段，其城镇化模式也大相径庭，这是由社会经济制度的差异造成的。

社会经济制度对城镇化模式的影响是通过资源配置和要素流动实现的。在完全市场的社会经济制度下，资源以市场方式进行配置，要素实现完全流动。由于资金的逐利性，资本总是从低效益地区和部门向高效益地区和部门流动。同时，劳动力也具有逐利性，一般由边际报酬较低的地区流向边际报酬较高的地区。并且，资本和劳动力的转移相互促进，劳动力和资本沿同一路线从一个地区向另外一个地区转移[1]。对于具有先发优势的城镇而言，由于较高的资本投资收益和较高劳动力的边际报酬，会吸引越来越多的资本与劳动力，从而导致规模越来越大，而不具有先发优势的城镇，则面临资本和劳动力等资源的流出，进而影响城镇规模。由于一般情况下城镇规模与先发优势呈正比，在完全市场条件下的城镇化发展会形成大城市膨胀、小城镇萧条的两极化城镇化模式。在完全计划的社会经济经济制度下，计划与领导意志代替市场进行资源配置，管理要素流动。完全计划的社会经济制度下，产业、资本以及人口都由政府根据需要进行配置，城镇化模式也由政府确定。但是，完全计划的社会经济制度下，城镇化模式也并非一定与政府意志完全相符。因为，城镇化模式也是不同规模城镇动态发展、不断联系形成的，政府虽然可以直接配置资源，但是政府意志并不能代替

1　埃德加·胡佛. 区域经济学导论（中译本）[M]. 北京：商务印书馆，1990.

市场意志，也并非全能管家，可以完美地计划一切事物，使城镇化模式完全朝着计划的方向快速前进。在市场与政府结合的社会主义市场经济制度下，资源配置由市场和政府共同作用而成。当资本和人口无节制地流向边际收益高的地区或城镇以至于其结果可能导致整体成本大于收益时，政府可通过相关政策限制或引导资本和人口向其他地区或城镇流动从而改变完全竞争市场下可能形成的城镇化模式。同理，若政府的计划性资源配置有所松动，则松动地区或产业的人口和资本都会向边际收益高的地区和产业流动。

3.2.4 基础设施是影响城镇化模式的乘数

《现代经济辞典》对基础设施的定义是：“（基础设施）指为了使社会、经济活动得以正常进行所必需的基本建筑和基本设备，包括公路、铁路、机场等交通基础设施，水库、水渠、自来水网、下水道等水利基础设施，医院、防疫站等医疗基础设施，幼儿园、大中小学校、职业培训中心等教育基础设施，无线电、电话、移动通信、互联网等通信基础设施，公共交通、电力、燃气等公用事业基础设施等。基础设施是一国社会、经济活动的重要物质基础。基础设施大多属于公共产品。”[1]虽然基础设施不会对城镇化模式的最终形态产生直接影响，但是基础设施会加速或减缓城镇化模式的形成，故而基础设施又可称为城镇化模式的乘数。

基础设施影响单个城镇规模的增长速度。首先，基础设

1 中国社会科学院经济研究所. 现代经济辞典[M]. 南京：江苏人民出版社，2005.

施建设通过影响产业发展影响城镇规模增速。无论是第二产业还是第三产业，都需以基础设施的供给为基础。交通基础设施通过影响产业的运输成本影响产业的发展。一个城镇的交通基础设施越完善，城镇中产业的运输成本则越低、效益则越高，在其他条件不变的情况下，其边际收益也更高，产业的发展也更迅速。此外，通信基础设施的完善可减少企业的通信成本，医疗教育基础设施的完善有助于为产业发展提供优质的劳动力，公用事业基础设施以及水利基础设施等的完善则是为产业发展营造良好外部硬件条件的基础。其次，基础设施建设通过影响人口集聚影响城镇规模增速。交通基础设施是影响劳动力工作和生活出行最关键的因素，也是劳动者对一个城镇的最直观感受，完善的交通基础设施有助于增加劳动力对城镇的黏性。医疗教育基础设施是吸引劳动力常住的最关键的因素。除劳动力本身对医疗和教育基础设施的需求以外，劳动力的家人包括父母和子女，对医疗和教育基础设施的也有很大需求量，现代以家庭为单位的社会中，城镇对劳动力的吸引力必然包括完善的医疗和教育基础设施。同理，其他基础设施的完善程度也会影响劳动力的工作环境以及生活环境，进而影响城镇对劳动力的吸引力，并最终影响城镇规模增速。

基础设施影响城镇体系中各个城镇之间的联系。现代经济的发展越来越离不开产业之间、城镇之间的合作、交流与竞争。城镇与城镇之间的交流最终是物质、人口和信息的交换与流动，无论是物质、人口还是信息的流动都离不开基础设施的建设与完善。完善的交通基础设施为城镇之间物质和人口的流动提供便捷，而物质与人口的流动又进一步带动了信息的流动。通信基础设施的完善则让信息流动速度有了质的飞跃，实现了信息在全球范围内的同步传播。两个城镇之间的基础设施越完善，则两城之间的物质、人口与信息流动越频繁，其经济产业、社会文化等交流也越亲密，在城镇体系下城镇的分工、合作和竞争中也越占优势。

3.2.5 驱动因素对城镇化模式的作用机理

城镇化模式的最终形成是在驱动因素的作用下完成的。城镇化模式的驱动因素主要包括工业化、自然禀赋、社会经济制度以及基础设施建设等。其中，工业化是影响城镇化模式的根本原因，自然禀赋是影响城镇化模式的基础条件，社会经济制度是影响城镇化模式的关键因素，基础设施则是影响城镇化模式的乘数。四个驱动因素相互作用，缺一不可，其作用机理用图3-1表示如下：

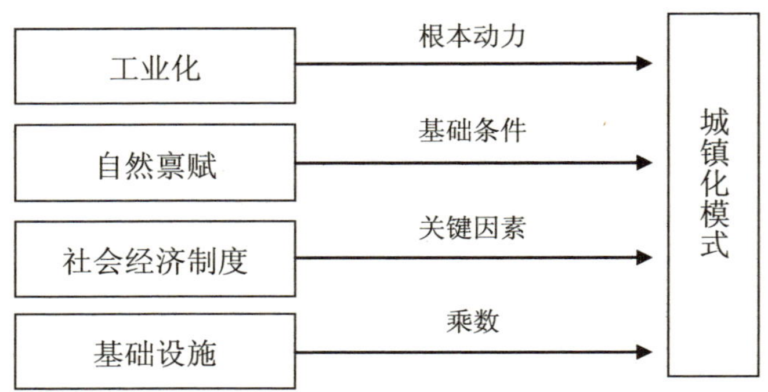

图3-1 城镇化模式的驱动机理

3.3 城镇化模式的影响机理

不同规模的城镇对要素的吸引能力不同，进而不同规模的城镇所适合的产业也不同，而产业结构则是工业化最重要的判断标准。由于城镇化模式其本质在于调整城镇体系下各种规模城镇之间的结构关系，故而城镇化模式通过调整城镇体系下的城镇结构来影响要素流动和产业结构，进而影响工业化进程。

3.3.1 不同规模城镇的要素流动

一般而言，由于资本的逐利性，它总是从边际收益低的产业和区域流向边际收益高的产业和区域。同理，人口也总是由预期收入低的区域和产业流向预期收入高的区域和产业。从城镇规模的角度来看，由于集聚效应下的正外部性和合作效率[1]，随着城镇规模的增大、资本的边际收益增大，资本由农村及规模较小的城镇流向规模较大的城镇。同理，随着城镇规模的增大，劳动力的预期收入增加，人口由农村及规模较小的城镇向规模较大的城镇流动。但是，随着城镇规模的增大，集聚所带来的成本也跟着增大，资本和人口并不总是由规模小的城镇向规模大的城镇单向流动。首先，随着城镇规模的扩张，规模大的城镇的规模经济总有向规模不经济转变的时候，在规模不经济出现的时候，资本的边际收益为零甚至为负，其便会从规模大的城镇向规模小的城镇转

1 高鸿鹰，武康平. 集聚效应、集聚效率与城市规模分布变化[J]. 统计研究，2007（3）.

移；再加之小规模城镇本身也在扩张，尚处于规模不经济向规模经济移动的区间，资本的边际收益在不断提高，一旦规模较小的城镇的资本边际收益等于或者高于规模较大的城镇的边际收益时，资本便会从规模较大的城镇向规模较小的城镇转移，而不必等到规模较大城镇的资本边际收益等于零。其次，由于城镇规模过大导致的交通、医疗以及教育等基础设施的人均供应量不足以及自然环境恶化，将导致劳动力的生存成本提高和生活质量的降低，并进一步降低劳动力的预期收入；再加之规模较小的城镇经济不断发展，基础设施不断完善，其宜居程度也随之提高，并进一步提升劳动力的预期收入，从而导致人口由规模较大的城镇流向规模较小的城镇。

具体来说，由于大城市是一个国家或地区的中心，其经济发达、人口众多，是先进文化和技术创新的中心，整体上资本和人口等各种要素都在不停流入大城市，就连土地也随着城市土地规模的扩张而不断增多。因为大城市中资本的边际收益高于其他规模城镇，因而资本总是源源不断从其他规模的城镇及农村流向大城市，且整体上大城市的工资收入水平高于其他规模城镇，因而人口也总是源源不断从其他规模城镇及农村向大城市流动。此外，由于新兴先进产业及技术进步一般最先发生于大城市，会使所属行业在大城市的资本边际收益进一步增大，也使其对劳动力的需求进一步增大，因而大城市将进一步吸引更多的资本及人口。最后，大城市本身经济的发展使人口膨胀、产业扩张，使得承载人口及产业的土地需求也不断增加，进一步导致大城市的土地规模不断扩大。但是，随着大城市规模的不断膨胀，由集聚带来的成本也不断上升，甚至导致集聚成本大于集聚效应，表现为“大城市病”导致的生产与生活成本不断上升，致使部分资本和人口从大城市流向其他规模城镇。此外，若人为限制大城市资本和人口的流入，则大城市无法吸引更多的人口和资本，大城市经济发展受阻，再加之得益于本应流入大城市的资本和人口，其他规模城镇进一步发展，转而吸引大城市的资本和人口，终将导致大城市的资本和人口流向其他规模城镇。

中等城市是大城市和小城市、小城镇之间的枢纽，其一方面吸引小城市、小城镇以及农村的资本与人口，并接收来自大城市的资本和人口；另一方面，中等城市的资本和人口也不断外流。由于资本的流向是由边际效益决定的，中等城市资本的净流量取决于中等城市资本的边际收益与其他规模城镇的资本边际收益差。一般而言，中等城市的集聚效应大于小城市与小城镇，其规模经济优势也大于小城市或小城镇，当部分大城市资本边际收益下降至中等城市水平时，则会引起大城市以及小城市、小城镇的资本流向中等城市，此时中等城市资本净流量为正，经济发展迅速。若条件限制，中等城市资本的边际收益低于小城市甚至小城镇，或资本无法正常流入中等城市，无论是大城市流出的资本，还是小城市或小城镇游离的资本，都无法流入中等城市，反而转向小城市或小城镇。在这种情况下，中等城市的资本净流量为零或者负数，中等城市的发展陷入停滞。同理，若中等城市人口的预期收入高于小城市与小城镇，则会吸引农村、小城市和小城镇的人口不断流入，且会吸引那些由大城市流出的人口，此时的中等城市人口增多，规模不断扩大。若条件限制，中等城市人口的预期收入低于小城市或者小城镇，则不但不能吸引其他规模城镇的人口流入，反而会导致人口外流，此时的中等城市人口不断减少，规模也逐渐萎缩。

同理，小城市与小城镇也在不断吸引其下级规模城镇或农村的资本和人口，也接收或承接其上级规模城镇的资本和人口，其经济的发展以及人口规模的变化取决于资本的边际收益差与人口的预期收入差。若其边际收益高、人口预期收入高，则经济发展、规模扩大；若其边际收益低、人口预期收入低，则经济停滞、规模萎缩。

3.3.2 城镇体系下的产业转移与结构

产业的发展和更迭总是由技术进步推动，而技术进步则是由竞争推动的，因此，技术进步及革新总是最先出现在竞争最激烈的地区和部门。而城镇规模越大，其内部竞争越激烈，技术进步及革新越容易出现，因此新兴产业以及产业技术变革总是先发生在规模大的城镇，然后向规模小的城镇转移。不过，由于产业之间的关联性，产业的转移还和其上下游产业所处的区域相关。一个产业的发展固然与其本身的技术进步紧密相关，但也离不开其上下游产业带来的外部性影响。若一个产业部门由于其本身技术水平落后于其他产业从而导致边际利润下降，在无法提高边际收益的情况下不得不考虑降低边际成本，就可能搬迁至劳动力和土地等成本较低的小规模城镇。但是由于上下游产业所带来的正外部性，产业并不会选址劳动力和土地等可见成本最低的区域，而是在平衡上下游企业所带来的正外部性与可见成本之间的关系后，选择最佳区域。事实上，城镇的分布整体上与其规模没有相关性，所以产业的转移并不总是严格按照城镇规模等级从大城市到中等城市再到小城市、小城镇逐渐转移，而是考虑到上下游产业所带来的正外部性，由规模大的城镇向地理位置上接近的其他规模城镇转移。

具体来说，大城市是先进文化和技术创新中心，技术革命以及产业进步总是先发生在大城市，这使大城市覆盖了大部分先进产业，并采用了最先进的技术手段。但是随着大城市规模的不断扩大，其租金和人口等成本不断升高，就迫使部分产业和企业搬离大城市。正如前文所言，首先搬离的将是那些边际利润下降的产业和企业。成熟的制造业由于从事的是标准化生产，并不能从大城市集聚中获得较大收益，反而会因为大城市的高租金、高工资而提高成本，因而这类产业将首先从大城市转移至成本较低的中小城市[1]。制造业的转移改变了大城市的产业结构，使第二产业比重下降，第三产业比重上升，形成以第三产业为主的产业结构。

中等城市是大城市产业转移的最重要承接者。相比小城市和小城镇，中等城市的集聚效应更优，也更容易形成规模经济。对于因成本上升而不得不从大城市转移出来的产业而言，中等城市的边际收益更高。具体到从事标准化生产的成熟制造业来说，虽然小城市或小城镇的租金和人口等成本更低，但是，中等城市相对完善的基础设施以及充足的劳动力，是小城市或小城镇不可比拟的，因而，中等城市始终是其最佳的选择。由于中等城市对大城市制造业的承接，使中

1 柯善咨，赵曜. 产业结构、城市规模与中国城市生产率[J]. 经济研究，2014（4）.

等城市的第二产业比例上升，形成以第二产业为主的产业结构。

小城市由于缺乏规模效应，也不能提供完善的基础设施或充足的劳动力，一般无法承接或发展大型制造业，再加之大型制造业都是较晚达到规模经济的产业，所以小城市主要发展较早达到规模经济的产业，包括第二产业中的轻工业，以及与此配套的消费性服务产业。

小城镇处于城镇体系的最底层，无论规模效应、基础设施还是劳动力市场等，与其他规模城镇相比都处于劣势，因而小城镇的发展只能因地制宜，依托当地优势，适当进行产业发展。一般来说，可依据当地的农业、交通、旅游、文化等资源优势，发展农产品加工、商贸、旅游以及文化等特色产业。

总的来说，在城镇体系下，将形成大城市以第三产业为主、中等城市以第二产业中的制造业为主、小城市发展第二产业与第三产业、小城镇发展特色产业的产业结构。

3.3.3 不同城镇化模式下的工业化进程

正如前文所述，不同的城镇化模式，各有其优劣，且不同规模城镇所适合发展的产业类型并不相同，这就导致不同城镇化模式会对工业化进程产生不同影响。

大城市发展模式下资本、人口以及技术等都集中于大城市，其通过极化作用快速发展大城市，再通过辐射作用带动大城市周边城市和区域的发展。大城市发展模式的特点是充分利用有限的资源快速实现经济发展。在工业化初期，由于经济发展缓慢、资本短缺，将各种资源集中起来的大城市发展模式将有效促进经济的快速发展。到工业化中期，经济发展较为迅速，资本有了一定的积累，大城市发展模式将进一步促进大城市的发展，但是大城市规模膨胀所带来的负效应使大城市本身的经济发展放缓，再加之大城市占用过多资源将导致其他规模城镇发展动力不足，大城市和其他城镇之间的差距进一步加大，大城市的发展成果被其他规模城镇的表现所拖累，整体上经济发展呈现出动力不足的趋势。因而，工业化中期实施大城市发展模式可能会阻碍经济发展，进而使工业化进程放缓。在工业化晚期，整体经济发展平稳，各类规模城镇发展良好，大城市发展模式下大城市是区域或国家的中心，引领该区域或国家的经济保持增长。因而，工业化后期的大城市发展模式有助于经济的平稳发展。

中等城市发展模式下，中等城市分担、承接大城市的功能和产业，并持续吸引其他规模城镇的资本、人口和技术，是城镇体系中最重要的经济体。中等城市发展模式的特点在于兼具大城市发展模式和小城市发展模式的优点，并避免了它们的缺点。在工业化初期，城市发展水平低，资本短缺，推进中等城市发展模式则意味着将有限的资本分散至数量多于大城市的中等城市，城市平均资本少，很难集中资源促进经济发展；再加之中等城市本身的集聚效应并不明显，中等城市的发展对其他规模城镇发展的带动作用并不明显。因而，在工业化初期推进中等城市发展模式，不利于经济的快速发展。在工业化中期，资本有了一定的积累，各类城镇都有了一定发展，中等城市发展模式将缩小大城市与其他规模城镇发展之间的差距，有利于经济的全面发展。但是，可用于大城市发展的资源被分散至中等城市，一定程度上削弱了大城市对经济的引领作用，并不利于经济的快速发展。因此在工业化中期，实施中等城市发展模式能促使经济全面且平缓的增长。在工业化后期，各个规模城市发展良好，中等城市发展模式仍然有利于缩小各个规模城镇之间的差距，但是中等城市最适合制造业发展的特点决定了中等城市发展模式下第二产业比重过重，并不适宜工业化后期以第三产业为主导的经济结构。

小城市发展模式下，小城市承接大城市和中等城市的产业，并持续吸引其他规模城镇的资本、人口和技术，是城镇体系中最重要的经济体。小城市发展模式的特点在于促进农村城镇化。由于小城市一般以轻工业和消费性服务业为主，对人口的素质要求不高但对数量要求很大，在工业化初期实施小城市发展模式，意味着农民可以很快从农村向城镇转移，人口城镇化增速，轻工业和消费性服务业发展迅速。因此，在工业化初期实施小城市发展模式有利于人口快速城镇化，也有利于经济的全面起步。在工业化中期，小城市发展模式下人口迅速实现城镇化，但是产业技术水平较低，整体经济结构偏向轻工业。考虑到轻工业整体上已经是成熟的行业，其边际收益低于重工业或者生产性服务业，而工业化中期的一大特点在于以重工业为主导，推进小城市发展模式并不利于产业结构由轻工业化向重工业化转变。在工业化后期，由于经济发达，各类规模城镇发展良好，小城市发展模式有利于第三产业的发展。

小城镇发展模式是农村城镇化的最佳途径。在工业化初期，小城镇发展模式下，小城镇的人口和经济占有重要比重。由于小城镇对人口素质的要求不高，有利于农村人口城镇化，再加之小城镇基础设施投入小，有利于缓解工业化初期资本积累不足的现实，将资本配置于其他规模城镇，从而促进经济发展。因此，在工业化初期实施小城镇发展模式，有利于快速实现人口城镇化，也有利于资本流向边际收益更高的城镇，从而促进经济全面发展。在工业化中期，各个规模的城镇都有一定的发展，而小城镇缺乏规模效应的事实导致小城镇发展模式无法进一步促进经济结构的转变并引领经济快速发展。在工业化后期，各个规模城镇发展良好，小城镇发展模式成为逆城市化的一种选择，有利于全面提高居民生活品质，但对经济的促进作用并不明显。

城市群发展模式的特点在于将城市划分为若干个小的整体，城市群内部协作紧密、分工明确，城市群之间互相竞争。根据城市群发展模式的特点，要使城市群内部之间联系紧密、分工合作，必须为城市和城市之间提供便捷的沟通方式以提高城市群内部城市之间的认同感。除历史原因，便捷的交通、通达的通信是城市群内部不可或缺的基础设施。在工业化初期，由于资本有限，很难为城市群的发展提供完善的基础设施，且盲目实施城市群发展模式，则有可能将有限的资本更加分散，无法集中资本发挥集聚效应。因而，在工业化初期并不具备推进城市群发展模式的条件，若盲目推行，则可能阻碍经济的发展。在工业化中期和后期，各个规模城镇有了一定的发展，资本也有了一定的积累，城市群发展模式下城市群内部由无序竞争变为协调合作，城镇间可实现共同发展；城市群之间功能定位并不相同，彼此间相互竞争又相互合作，可实现经济的全面发展。

3.4 本章小结

根据城镇化进行过程中所形成的不同规模等级城镇及其之间的结构关系，可以将城镇化模式分为大城市发展模式、中等城市发展模式、小城市发展模式、小城镇发展模式以及城市群发展模式。

城镇化模式是在各驱动因素的相互作用下形成的，其中工业化是影响城镇化模式的根本原因，自然禀赋是影响城镇化模式的基础条件，社会经济制度是影响城镇化模式的关键因素，基础设施则是影响城镇化模式的乘数。这四个驱动因素相互作用、缺一不可。城镇化模式将影响要素的流动、产业的转移与结构调整以及工业化进程。在城镇体系中，整体上资本和人口等要素将由规模小的城镇流向规模大的城镇，但是由于扩散效应的存在，也会导致各类要素从规模较大的城镇向规模较小的城镇反向流动。

一般情况下，将形成大城市以第三产业为主、中等城市以制造业为主、小城市发展第二产业与第三产业、小城镇发展特色产业的产业结构。再由于不同的城镇化模式，各有优劣，且不同规模城镇所适合发展的产业类型并不相同，导致不同城镇化模式会对工业化进程产生不同影响。其中，大城市发展模式、小城市发展模式以及小城镇发展模式在工业化初期可促进经济的发展，而中等城市发展模式以及城市群发展模式有利于促进工业化中期的经济发展，大城市发展模式、小城市发展模式、小城镇发展模式以及城市群发展模式在工业化后期的表现各有所长。城镇化模式的发展机理具体如图3–2所示：

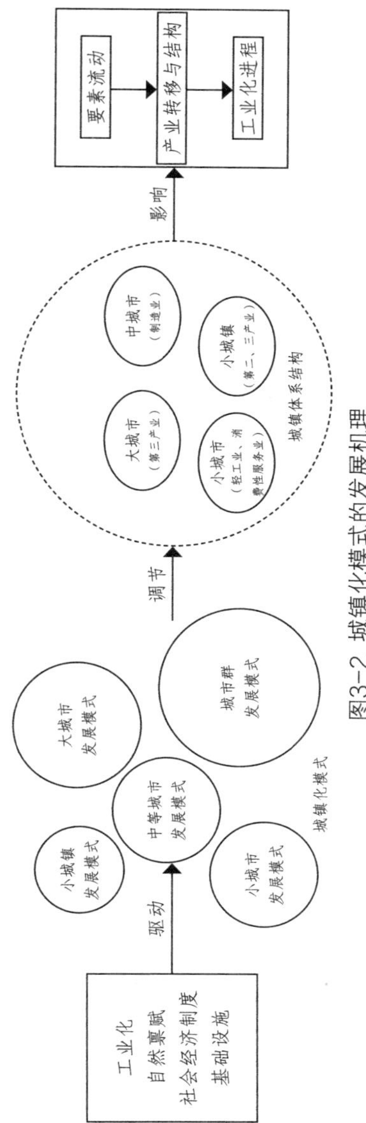

图3-2 城镇化模式的发展机理

4

国外城镇化模式分析

4.1 发达国家的城镇化模式

4.1.1 英、法、德等欧洲国家的城镇化模式

欧洲是工业革命发源地，英国的城镇化始于1775年或者更早，其城市人口于1850年首次超过农村人口，为世界首个基本实现城市化的国家[1]。法国和德国的城市化起步晚于英国，但是到20世纪中叶，以英、法、德为代表的欧洲发达国家的城市化水平都超过了50%，其中英国的城市化率达79%，法国的城市化率为55.2%，德国的城市化率为68.1%[2]。截至2015年，欧洲各国均已进入城市化后期阶段，其中英国的城市化率为82.6%，法国的城市化率为79.5%，德国的城市化率为75.3%[3]。

以英、法、德为代表的欧洲国家主要采取小城市发展模

1 克拉潘. 现代英国经济史（上卷）[M]. 北京：商务印书馆，1964.

2 United Nations, Department of Economic and Social Affairs. Population Division (2014) [R]. World Urbanization Prospects: The 2014 Revision, CD-ROM Edition.

3 United Nations, Department of Economic and Social Affairs. Population Division (2014) [R]. World Urbanization Prospects: The 2014 Revision, CD-ROM Edition.

式。从人口分布来看，根据联合国统计数据，截至2015年，50万人口以下的小城市人口为10 844.2万人，占据英、法、德总人口16 657.6万人的65.1%；并且，人口规模30万以下小城市的人口占小城市总人口的89.0%[1]。从城市体系来看，根据联合国统计数据，截至2015年，以人口30万～50万、50万～100万以及100万以上为划分标准，英、法、德三国共有城市70个，其中人口为30万～50万的城市为32个，占整个城市数量的45.7%（由于统计数据缺失，人口在30万以下的城市数量不得而知，但是以平均城市规模为10万计，人口30万以下的小城市数量近千个，若将此数据加入三国城镇数量体系中，英、法、德小城市的数量将占三国城市总数量的90%以上）[2]。从城市发展历程来看，仍然以联合国的数据为依据，英、法、德三国各类规模城镇数量变化不大，1950年三国百万以上人口大城市数量为9个，50万～100万人口的中等城市数量为16个，30万～50万人口的小城市数量为24个，到2015年，大城市增至13个，中等城市增至25个，小城市增至32个[3]。详见表4-1：

1 United Nations, Department of Economic and Social Affairs. Population Division (2014) [R]. World Urbanization Prospects: The 2014 Revision, CD-ROM Edition.

2 United Nations, Department of Economic and Social Affairs. Population Division (2014) [R]. World Urbanization Prospects: The 2014 Revision, CD-ROM Edition.

3 United Nations, Department of Economic and Social Affairs. Population Division (2014) [R]. World Urbanization Prospects: The 2014 Revision, CD-ROM Edition.

表4-1 1950年—2015年英、法、德三国城市体系

国家	城市规模	数据类型	年份	
			1950	2015*
英法德三国	百万以上	城市人口（万）	2906.9	4156.2
		人口比重（%）	26.2	25.0
		城市数量（个）	9	13
	50万～100万	城市人口（万）	1038.7	1657.1
		人口比重（%）	9.4	9.9
		城市数量（个）	16	25
	30万～50万	城市人口（万）	928.3	1194.2
		人口比重（%）	8.4	7.2
		城市数量（个）	24	32
	30万以下	城市人口（万）	6207.0	9650.0
		人口比重（%）	56.0	57.9
英国	百万以上	城市人口（万）	1784.1	1860.9
		人口比重（%）	44.6	35.5
		城市数量（个）	6	5
	50万～100万	城市人口（万）	342.8	579.3
		人口比重（%）	8.6	11.0
		城市数量（个）	5	8
	30万～50万	城市人口（万）	409.4	563.1
		人口比重（%）	10.2	10.7
		城市数量（个）	11	15
	30万以下	城市人口（万）	1461.4	2269.7
		人口比重（%）	36.6	43.0

续表4-1

国家	城市规模	数据类型	年份	
			1950	2015*
法国	百万以上	城市人口（万）	628.3	1508.4
		人口比重（%）	27.2	29.2
		城市数量（个）	1	4
	50万～100万	城市人口（万）	277.1	499.2
		人口比重（%）	12.0	9.7
		城市数量（个）	4	7
	30万～50万	城市人口（万）	149.4	353.8
		人口比重（%）	6.5	6.8
		城市数量（个）	4	9
	30万以下	城市人口（万）	1255.6	2806.0
		人口比重（%）	54.3	54.3
德国	百万以上	城市人口（万）	494.5	786.9
		人口比重（%）	10.4	12.7
		城市数量（个）	2	4
	50万～100万	城市人口（万）	418.8	578.6
		人口比重（%）	8.8	9.3
		城市数量（个）	7	10
	30万～50万	城市人口（万）	369.5	277.3
		人口比重（%）	7.7	4.4
		城市数量（个）	9	8
	30万以下	城市人口（万）	3490.0	4574.3
		人口比重（%）	73.1	73.6

数据来源：United Nations, Department of Economic and Social Affairs. Population Division (2014). World Urbanization Prospects: The

2014 Revision.

*2015年数据为预测数据，下同。

英、法、德等欧洲发达国家的城镇化模式是在工业革命的主导下形成的。在工业革命初期，第一次产业革命使机器化大生产代替了手工业，大规模集中生产成为生产的主流方式，资本和人口在资源丰富、商贸便捷之地集中，很快便形成城市。由于工业革命时期的工业化大生产大多以满足消费需求的轻工业为主，且轻工业的规模经济形成较快，在没有政府干预下的英法德形成了大量的小城市，也形成了小城市的发展模式。随着第二次产业革命的到来，英、法、德三国的产业结构由轻工业向重工业转化，但其城市化模式并没有改变。这是因为虽然三国都采用小城市发展模式，但是三国都有一个或几个引领经济发展的大城市。以1950年为例，英、法、德三国共有9个百万人口以上大城市，这9个大城市的人口占总城镇人口的26.2%，由于三国本身人口总量不多且国土面积不大，以其他规模城市为支撑，少数几个大城市的工业重型化能够支撑整个国家的产业结构由轻向重转型。到第三次产业革命时期，英法德三国的城市化已经基本完成，其产业结构已由第二产业为主导向第三产业为主导转变，但是其城市化模式并未改变。这是因为这三国在工业化过程中积累了大量的资本，其充足的资本为小城市的基础设施建设提供了经济基础，而其高福利的社会制度则为小城市的基础设施建设提供了社会基础；再加之其国土面积不大，完善的交通和通信等基础设施使城市和城市之间的联系十分紧密，使很快达到规模经济的产业发展良好。与此同时，小城市发展模式下的大城市仍然保持活力，以其集聚效应吸引大批资本、人口和技术，引领经济发展。

值得注意的是，虽然英法德等欧洲国家主要采取小城市发展模式，但是其现代产业分工明确、联系紧密，城市之间的分工与合作也十分紧密。三国所属区域形成了以大城市为中心的城市群，例如以伦敦—利物浦为轴线的伦敦都市圈，以及跨越法国、德国、荷兰以及比利时的巴黎都市圈[1]。

4.1.2 美国的城镇化模式

美国的城镇化始于独立战争后，在南北战争以后城市化速度加快，并于20世纪40年代基本实现城市化。独立之初的1790年，美国的城市化率为5.1%；至1870年，美国城市化率达25%；到1960年，美国的城市化率达70%[2]。

美国一开始走的是大城市发展模式。美国独立战争以后，城市发展迅速，人口集聚程度增加。从1790年至1870年，美国的城市数目由24个增加至663个，城市人口由20万人增加至990万人，城市人均人口由8000人增加至15 000人，10万以上人口的城市增至13个，其中费城成为人口超60万的城市，纽约成为百万人口大城市[3]。南北战争以后至1950年，美国城市化步入加速阶段，美国的城市化采用了大城市发展

1 林宏. 世界都市圈发展的借鉴与启示[J]. 统计科学与实践，2017（1）.

2 简新华，何志扬，黄锟. 中国城镇化与特色城镇化道路[M]. 济南：山东人民出版社，2010.

3 Jan Lahmeyer. UNITED STATES OF AMERICA Historical Demographical Data of the Urban Centers [OL]. http://www.populstat.info/.

模式。从人口分布来看，根据联合国统计数据，截至1950年，美国百万以上大城市人口规模达3849.1万，占总城市人口10 124.2万的38%[1]。从城市体系来看，根据联合国的统计数据，截至1950年，人口30万～50万、50万～100万以及100万以上的美国城市共有44个，其中百万以上人口城市达12个，占城市总数量的27.3%；其绝对数量比同期英法德三国的总量还多[2]。从城镇发展历程来看，百万以上人口大城市由1870年的1个增至1950年的12个，人口50万～100万的城市也由1个增至16个，人口集聚更加明显[3]。1950年至2015年美国城市体系详见表4-2：

表4-2　1950年—2015年美国城市体系

城市规模	数据类型	年份	
		1950	2015
百万以上	城市人口（万）	3849.1	14 545.2
	人口比重（%）	38.0	55.0
	城市数量（个）	12	53

1　United Nations, Department of Economic and Social Affairs. Population Division (2014) [R]. World Urbanization Prospects: The 2014 Revision, CD-ROM Edition.

2　United Nations, Department of Economic and Social Affairs. Population Division (2014) [R]. World Urbanization Prospects: The 2014 Revision, CD-ROM Edition.

3　Jan Lahmeyer. UNITED STATES OF AMERICA Historical Demographical Data of the Urban Centers [OL]. http://www.populstat.info/.

续表4-2

城市规模	数据类型	年份	
		1950	2015
50万～100万	城市人口（万）	1122.0	3380.9
	人口比重（%）	11.0	10.0
	城市数量（个）	16	48
30万～50万	城市人口（万）	648.1	2356.3
	人口比重（%）	6.0	8.0
	城市数量（个）	16	61
30万以下	城市人口（万）	4505.0	7414.5
	人口比重（%）	44.0	27.0

数据来源：United Nations, Department of Economic and Social Affairs, Population Division (2014). World Urbanization Prospects: The 2014 Revision.

20世纪50年代以后，美国基本实现了城市化，迈入城市化后期，其城市化发展模式也随之改变。它由原来的大城市发展模式转变为城市群发展模式，并呈现出明显的郊区化特征。从土地方面来看，美国城市外围住宅面积占整个城市住宅面积的比例由1950年的23%上升至37%，同期郊区人口由26.7%上升至49.8%[1]。与此同时，中心城市人口有所下降，其中底特律、芝加哥、费城以及圣路易斯四个城市人口下降超

1 简新华，何志扬，黄锟. 中国城镇化与特色城镇化道路[M]. 济南：山东人民出版社，2010.

过50万[1]。不过，从20世纪80年代开始，美国城市郊区化现象有所缓解，城市群发展模式成为美国城市化后期主要的城市化模式。迄今，美国已经形成了纽约都市圈、五大湖都市圈以及加利福尼亚都市圈等三大都市圈。1950年—1970年美国中心城市人口占都市化地区总人口的比例见表4-3：

表4-3 1950年—1970年美国中心城市人口占都市化地区总人口的比例（%）

区域	年份	
	1950年	1970年
全国	70.0	54.0
北部	69.2	51.9
新英格兰	54.7	44.3
中部大西洋沿岸各州	68.3	50.6
中部地区东北部	72.7	53.9
中部地区西北部	79.2	58.0
南部	79.2	62.7
南大西洋沿岸各州	73.9	50.7
中部地区东南部	77.3	71.9
中部地区西南部	87.8	75.9
西部	60.1	49.3
太平洋沿岸各州	58.3	46.4
山区各州	75.7	62.8

数据来源：U.S. Bureau of the Census of Population, Vol. 1. Year 1950 and Year 1970.

1 Jan Lahmeyer. UNITED STATES OF AMERICA Historical Demographical Data of the Urban Centers [OL]. http://www.populstat.info/.

工业化进程是美国城市化模式的根本动力，大城市发展模式、城市群发展模式以及郊区化之所以成为美国的选择，是因为它符合美国的工业化进程、自然人口条件、社会经济制度以及基础设施建设。在城市化快速发展时期，美国之所以选择了大城市发展模式，有以下几个原因：首先，美国的快速城市化阶段开始于第二次产业革命时期，此时，美国凭借丰富而廉价的矿藏资源完成资本积累，迅速形成以重工业为主导的产业结构，而重工业的规模经济形成较慢，更适合在大城市发展，这是美国选择大城市发展模式的根本原因。其次，美国地广人稀的自然人口条件进一步促进了美国的机械化大生产，使其选择尽可能节约人口资源的生产形式，这就进一步促进了美国产业结构向重工业的转变，也进一步奠定了美国实施大城市发展模式的基础。在城市化完成以后，美国选择了城市群发展模式。作为世界第一大经济体，美国需要几个国际级大城市引领其经济、文化以及创新的发展。当今社会产业分工越来越细致，产业之间的联系也越来越紧密，其他规模城市围绕几个国际级大城市，以产业为中心，逐渐形成分工明确、联系紧密的城市群。

在城市群发展模式期间所出现的郊区化特征，也与美国的工业化进程、自然人口资源、社会经济制度以及基础设施建设分不开。首先，彼时的美国已处于工业化后期，资本积累丰富，为人口郊区化提供了物质基础；其次，美国地广人稀，人口的郊区化价格相对较低；此外，当时的郊区并未实施严格统一的土地利用规划，各级政府没有权力限制郊区城市化；最后，郊区基础设施的完善使郊区的生活质量较高而生活成本较低，相比城市中心因“城市病”引起的种种不便，生活郊区化成为美国中产阶级的最佳选择。但是，郊区化也带来了种种弊端，如城市过度蔓延，土地利用粗放，基础设施配套成本过高，导致集聚经济效益减弱，降低了中心城市的竞争力[1]。20世纪80年代以后美国政府一系列增长计划的实施，以及石油价格上涨导致的通勤成本增加，让郊区化现象得到缓解，美国仍然继续着城市群发展模式。

4.1.3 日本等亚洲发达国家的城镇化模式

日本的城市化开始于明治维新时期，完成于20世纪70年代。根据日本统计局的数据，明治三十一年，即公元1898年，日本总人口为4540.3万，其中城市人口为533.5万，城市化率为11.7%；到1970年，日本总人口达10 466.5万，城市人口达7542.9万，城市化率达72%，日本的城市化基本完成。韩国于第二次世界大战结束后开始其城市化历程，并于20世纪90年代前后完成城市化。[2]据联合国统计，韩国1950年的总人口为1921.1万，其中城市人口为410.2万，城市化率为21.4%；到1990年，韩国总人口达4297.2万，城市人口为3173.2万，城市化率达73.8%，城市化基本完成[3]。

日本在城市化初期采用了大城市发展模式。根据日本统计部门数据，1920年日本城市人口数量为1000万，城市化率

1 简新华，何志扬，黄锟. 中国城镇化与特色城镇化道路[M]. 济南：山东人民出版社，2010.

2 Statistics Japan. Historical Statistics of Japan [OL]. http://www.stat.go.jp/english/data/chouki/index.htm.

3 United Nations, Department of Economic and Social Affairs, Population Division (2014) [R]. World Urbanization Prospects: The 2014 Revision, CD-ROM Edition.

为18.0%，当时10万以上人口的城市有16个。在这16个城市中，其中有2个城市人口超百万，其总人口为342.6万，占城市总人口的34.0%；2个城市人口规模在50万～100万之间，其总人口为120.0万，占城市总人口的12%[1]。至1970年日本城市化基本完成时，其8个百万以上人口的城市一共生活着2923.7万人，占日本城市总人口的27.7%[2]。截至2015年，日本城市总人口为11 857.2万，其中百万以上人口城市总人口为8336.0万，占城市人口总数的70.3%；以30万～50万、50万～100万以及100万以上人口规模为划分依据的统计数据显示，日本的城市总数量为19个，百万以上人口城市数量占比为42.1%[3]。日本1950年—2010年城市体系详见表4-4：

表4-4　1950年—2015年日本城市体系

城市规模	数据类型	年份	
		1950	2015
百万以上	城市人口（万）	2192.0	8336.0
	人口比重（%）	50.0	70.0
	城市数量（个）	4	8
50万～100万	城市人口（万）	179.5	168.9
	人口比重（%）	4.0	1.0
	城市数量（个）	3	3

1 Statistics Japan. Historical Statistics of Japan [OL]. http://www.stat.go.jp/english/data/chouki/index.htm.

2 Statistics Japan. Historical Statistics of Japan [OL]. http://www.stat.go.jp/english/data/chouki/index.htm.

3 United Nations, Department of Economic and Social Affairs. Population Division (2014) [R]. World Urbanization Prospects: The 2014 Revision, CD-ROM Edition.

续表4-4

城市规模	数据类型	年份	
		1950	2015
30万～50万	城市人口（万）	38.0	298.9
	人口比重（%）	1.0	3.0
	城市数量（个）	1	8
30万以下	城市人口（万）	1980.1	1980.1
	人口比重（%）	45.0	26.0

数据来源：United Nations, Department of Economic and Social Affairs. Population Division (2014). World Urbanization Prospects: The 2014 Revision.

在实现城市化的过程中，日本逐渐转变为城市群发展模式。早在20世纪30至40年代，东京都市圈、大阪都市圈以及名古屋都市圈已基本成型[1]。而后的50年代到70年代期间，其他地区向三大都市圈转移750万人，人口进一步向三大都市圈集聚[2]。表4-5为日本三大都市圈1980年—2010年人口分布情况。

1 中国国家发展计划委员会地区经济司. 城市化：中国现代化的主旋律[M]. 长沙：湖南人民出版社，2001.

2 中、日经济专家合作编辑. 现代日本经济事典[M]. 北京：中国社会科学出版社，1982.

表4-5 1980年—2010年日本三大都市圈人口分布情况（单位：万人）

区域	年份				
	1980	1990	2000	2005	2010
日本总人口	11 706.0	12 361.1	12 692.6	12 776.8	12 711.0
东京都市圈	2634.3	2920.0	3072.4	3171.4	3692.3
大阪都市圈	1542.2	1621.0	1656.7	1666.3	1934.2
名古屋都市圈	782.8	843.2	885.2	904.6	910.7
三大区域总人口	4959.3	5384.2	5614.3	5742.4	6537.3
三大区域人口占总人口比例（%）	42.4	43.6	44.2	44.9	51.0

数据来源：Statistical Handbook of Japan. Year 2010 and Year 2016.

日本的城市化模式是由工业化推动的。在城镇化之初的20世纪20年代，日本便大力发展采矿、造船以及钢铁等重工业行业，这些行业又都集聚在几个大城市，因而导致大量资本和劳动力集聚于几个大城市，这几大城市发展迅速[1]。在城市化率过半、城市化速度加快的20世纪50年代，日本正处于战后复兴时代，彼时的日本采矿业和加工业快速发展，一系列重工业发展蓬勃，大规模制造业高度集中于以三大城市为中心的都市圈区域[2]。20世纪70年代以来，随着日本经济的发展与产业结构的变更，三大都市圈的制造业逐渐向中心城市外部转移，而中心城市如东京等的产业结构便由资本密集型制造业逐渐转变为知识密集型产业以及金融服务业等。都

1 中国经济体制改革研究会日韩都市考察团. 日本都市圈启示录[J]. 中国改革，2005（3）.

2 张晓兰，朱秋. 东京都市圈演化与发展机制研究[J]. 现代日本经济，2013（2）.

市圈形成了中心城市以生产性服务业为主、外部以制造业为主的产业结构体系[1]。其次，自然禀赋是形成日本城市分布格局的主要原因。无论是大量城市兴起的城市化早期，还是城市群基本形成的城市化完成时期，城市主要兴起并繁荣于沿海平原地带；而在大力发展采矿业等第二次产业革命时期，矿藏资源丰富的福冈及北九州区域甚至一度成为日本四大工业带之一。再加之日本国土面积狭小且人口众多，日本的城市化模式只能走土地集约发展的大城市模式或城市群发展模式[2]。第三，日本的城市化模式离不开政府的规划与管制。早在1950年，日本政府便制定了《首都建设法》用以规范都市开发行为，之后又颁布了《首都圈整备法》，并以此为依据先后五次制定《首都圈基本规划》，并四次制定《全国综合开发规划》，以促进、调整都市圈的发展[3]。最后，日本的大城市发展模式以及城市群发展模式得以顺利实施离不开基础设施的建设。大城市完善的基础设施是保证其集聚效应高于成本的关键因素，也是吸引人口持续不断流向大城市的主要原因；都市圈内非中心城市完善的基础设施是吸引产业乃至人口转移的重要原因；都市圈内各城市间基础设施的完善是保证都市圈内部明确分工、紧密合作的重要条件。

1 张晓兰，朱秋. 东京都市圈演化与发展机制研究[J]. 现代日本经济，2013（2）.

2 中国经济体制改革研究会日韩都市考察团. 日本都市圈启示录[J]. 中国改革，2005（3）.

3 中国经济体制改革研究会日韩都市考察团. 日本都市圈启示录[J]. 中国改革，2005（3）.

4.1.4 发达国家的城镇化模式对我国的启示

英、法、德等欧洲国家、美国以及日本为代表的发达国家，都在100到200年之间实现了城市化。在分析和比较发达国家城镇化模式的基础上，我们得到如下启示。

4.1.4.1 各种城镇化发展模式都可能实现城镇化

在城镇化过程中，英、法、德等欧洲国家主要采取小城市发展模式；美国在初期采取大城市发展模式，在实现城市化之后转变为城市群发展模式；日本则在城镇化过程中先走大城市发展模式，之后逐渐转变为城市群发展模式。也就是说，无论是小城市发展模式、大城市发展模式还是城市群发展模式，都可能实现城镇化，城镇化过程的发展模式并不是固定的。但是，无论哪种城镇化发展模式，都离不开大城市的发展。无论是英、法、德、美国还是日本，在城镇化实现的过程中，各个国家都出现了一个或者几个百万人口的大城市，引领经济发展。因为大城市集聚效益明显，将有限的资源配置至大城市是促进经济发展、带动城镇化的必然之路。此外，城镇化到了一定阶段，必然出现城市群。英法德在城市化实现之后出现了伦敦都市圈和巴黎都市圈，美国出现了纽约都市圈、五大湖都市圈以及加利福尼亚都市圈，日本也有东京都市圈、大阪都市圈以及名古屋都市圈。这是因为，现代产业分工越来越细，产业间的联系也越来越紧密，以中心城市为核心、其他规模城市为支撑的城镇体系为产业体系的发展提供了最佳的载体，这也是区域产业体系能在全球激烈竞争中立于不败之地的重要原因。因此，无论哪种模式都可能实现城镇化，且城镇化模式在发展过程中也并非一成不变，应该根据具体国情进行调整。

4.1.4.2 城镇化模式与产业发展相适应

无论是英法德等欧洲国家、美国还是日本，其城镇化模式都是和产业发展相适应的。英法德的工业化以轻纺织业的发展为开端，而轻纺织业的劳动力密集特性使其吸引了大量农村劳动力集聚于城市中，再加上轻纺织业能较快速达到规模效益，因而可以集聚于小城市之中，这也是英法德工业化早期形成了大量小城市，并推行小城市发展模式的根本原因。美国选择大城市发展模式的根本原因在于美国的城市化快速发展时期正值第二次产业革命时期。在技术变革的推动下，凭借其资源优势，美国快速建立了以重工业为主导的产业结构，由于重工业规模效益的实现比较慢，因而一般集聚于大城市中，故而美国一开始便采用了大城市发展模式。同理，日本在城镇化初期也向重工业倾斜，快速建立了以重工业为主导的产业体系，也采取了大城市发展模式。随着产业结构的改变，美国和日本的城镇化模式也相应改变。在产业结构向第三产业为主转变后，中心城市的产业结构首先改变，之前的制造业不再适合大城市，但因离不开大城市生产性服务业的支持，便向周边中小城市转移；再加上现代产业分工越来越细，产业之间的合作越来越紧密，作为产业载体的城市之间联系也越来越紧密，分布在各城市中的产业体系的形成也促进了城市之间的联系，最终迈入城市群发展模式。因此，无论是大城市发展模式、小城市发展模式还是城市群发展模式，城镇化模式的选择只要与产业发展相适应，便能顺利推进与实施。

4.1.4.3 自然资源的迥异导致了不同的城镇化模式

英、法、德等欧洲国家一直推行小城市发展模式是和其相对充沛的自然资源密不可分的。由于英、法、德人地关系相对和谐，人口不多，国土面积也不大，城市与城市之间的距离不远，城市之间的联系天然比其他区域更紧密。在产业结构由轻工业转为重工业为主导以及由第二产业转为第三产业为主导的过程中，产业可以快速转移至周边小城市，因而以一个或几个大城市为中心、若干小城市为支撑的小城市发展模式便得以延续。美国由于地大物博，人口相对稀少，便在一开始采取了大城市发展模式。由于人口资源相对稀缺，美国不得不大力发展机械化生产，以便尽可能地节约人力资源，而机械化大生产的推进则加速了产业结构向重工业转变，进一步促进了大城市模式的形成。日本与美国相反，其国土面积狭小，多山地少平原，人口众多，本身并没有太多的土地适宜城市的兴起与发展，大城市发展模式则可以尽可能吸引更多的人口以节约土地资源。英、法、德和谐的人地关系以及狭小的面积使其一直保持着小城市发展模式，而美国的地广人稀导致其先经由大城市发展模式再过渡到城市群发展模式，与之相对应，日本紧张的人地关系以及狭小的国土资源决定了其一开始就选择大城市发展模式并逐渐调整为城市群发展模式。

4.1.4.4 社会经济制度促进并调控城镇化模式

英、法、德等欧洲国家的城市化模式是在市场主导下形成的。由于英、法、德的城镇化为全球城镇化的开端，其城镇化在发展过程中并没有前例可循，因而，该模式的形成便是市场经济的结果。正因为市场主导，英法德的城镇化模式在形成过程中也出现了诸如“城市病”等问题，导致人口纷纷外迁。政府也在逐渐意识到这些问题对城镇本身的发展有害无益以后，实施了包括立法、规划在内的一系列改善城市居住环境、促进城市发展的措施。这些措施的实施在取得明显效果的同时也为其他地区调控城镇化模式提供了依据。美国的城镇化模式在形成之初与英法德一样，是以市场为主导的。但是，在城市化完成之后，自由放任的美国郊区化现象严重，导致了土地的粗放利用、中心城市竞争力下降等一系列问题，这也促使美国政府制定并实施了“精明增长”计划[1]以提高土地的集约利用以及促进中心城市人口回流，这也为后期美国城市群发展模式的顺利实施奠定了基础。日本政府则在城市化初期便参与了城市化模式的选择与规划。在城市化初期，日本政府制定各种政策向重工业倾斜，使其在工业化初期产业结构迅速转向以重工业为主导，这也使大城市发展模式成为可能。在城市化快速发展阶段，日本政府又有意识地通过立法和规划等手段促进、调控城市群发展模式，使城市化模式与产业发展相适宜，并促进经济的发展。英、

1 2000年，美国规划协会联合60家公共团体组成了“美国精明增长联盟”（Smart Growth America），确定精明增长的核心内容如下：用足城市存量空间，减少盲目扩张；加强对现有社区的重建，重新开发废弃、污染工业用地，以节约基础设施和公共服务成本；城市建设相对集中，空间紧凑，混合用地功能，鼓励乘坐公共交通工具和步行，保护开放空间和创造舒适的环境，通过鼓励、限制和保护措施，实现经济、环境和社会的协调发展。

法、德、美国和日本的经验告诉我们，无论是市场主导还是政府主导，都能形成有利于城镇化实现以及经济发展的城镇化模式；此外，在城镇化过程中，政府扮演了非常重要的角色，它不仅能够及时调整城镇化推进过程中出现的问题与偏差，甚至能直接调控和促进城镇化的发展。

4.1.4.5 基础设施建设为城镇化模式的形成提供了保障

无论是英法德等欧洲国家、美国还是日本，虽然其城市化模式各不相同，但其城市化模式在形成过程中都建设了完善的基础设施，若没有完善的基础设施的支持，无论哪种城市化模式都难以为继。英法德在产业结构由以轻工业为主导向以重工业为主导再向以服务业为主导转变的过程中并没有改变其小城市发展模式的重要原因在于：其城市内部以及城市之间都建设了完善的交通和通信等基础设施。这些基础设施不仅为产业提供了良好的发展环境，也为聚集其中的产业提供了良好的生存空间，进而使得小城市在发展过程中依然保持良好的竞争力，进一步维护和巩固了小城市发展模式。而在城市化初期的美国，因为城市之间的基础设施不完善，使得地广人稀的它没办法像英法德等国一样形成大量具有竞争力的小城市，只能集中力量促进小部分大城市的发展。随着经济的发展和城市化进程的加快，美国的基础设施逐渐完善，城市体系也逐渐完善。随着基础设施的完善，美国出现了郊区化现象并转向城市群发展模式。城市群的形成也离不开基础设施的完善，正是城市之间完善的基础设施才使城市间的密切联系、精确分工成为可能，进而使城市群的发展与壮大成为可能。日本的城镇化模式同样离不开基础设施的建设。早期的大城市发展模式之所以成功，正是因为大城市的基础设施建设相对完善，为产业发展与人口居住提供了良好的环境；而良好的基础设施也为日本后期城市群发展模式的顺利实施提供了重要保障。因此，无论采取哪种城市化模式，必须考虑基础设施的建设与完善，只有基础设施配套到位了，城市化模式才能顺利实施与推进。

4.2 发展中国家的城镇化发展模式

4.2.1 巴西等拉美国家的城镇化模式

巴西的城市化开始于其殖民地时期，由于1808年葡萄牙王室迁都里约热内卢，且葡萄牙王室对其王室友好国家开放巴西港口，极大地促进了巴西城市的发展。1888年巴西废除奴隶制后，大批奴隶作为自由民进入城市，同时大批欧洲移民进入巴西，促进了包括里约热内卢、圣保罗、桑托斯以及阿雷格里港在内的城市的发展。不过，无论是王室的迁都还是奴隶、移民的涌入，巴西城市的主要功能是人口中心、商品集散中心以及初级工业活动中心，没有工业基础[1]。1930年的瓦加斯革命使巴西摆脱了农业寡头政治的统治，并开始了工业化进程，其1940年的城市化率为31.2%，步入快速城市化

1 简新华，何志扬，黄锟. 中国城镇化与特色城镇化道路[M]. 济南：山东人民出版社，2010.

阶段[1]；至1986年，城市化率达70.7%，基本步入城市化后期阶段；到2015年，巴西的城市化率为85.7%[2]。

巴西在城市化快速发展时期走的是大城市发展模式。1950年的城市化初期，巴西便有两座百万人口的大城市，其人口总量为536万，占城市总人口的27%[3]。至1985年城市化基本完成时，巴西百万人口大城市为10个，以30万～50万、50万～100万以及百万以上人口为划分依据的城市一共为33个，百万人口大城市占城市总数量的30.3%；百万以上人口城市的人口规模达3867.8万，占城市总人口的41%[4]。2015年，百万人口城市增至21个，占城市总数量的36.8%；其人口总规模达8219.3万，占城市总人口的47%[5]。巴西1950—2015年城市体系详见表4-6：

1 Cristina Fernandes A., Negreiros, R. Economics Developmentism and Change with the Brazilian Urban System [J]. Geoforum, 2001, 32(4).

2 United Nations, Department of Economic and Social Affairs. Population Division (2014) [R]. World Urbanization Prospects: The 2014 Revision, CD-ROM Edition.

3 United Nations, Department of Economic and Social Affairs. Population Division (2014) [R]. World Urbanization Prospects: The 2014 Revision, CD-ROM Edition.

4 United Nations, Department of Economic and Social Affairs. Population Division (2014) [R]. World Urbanization Prospects: The 2014 Revision, CD-ROM Edition.

5 United Nations, Department of Economic and Social Affairs. Population Division (2014) [R]. World Urbanization Prospects: The 2014 Revision, CD-ROM Edition.

表4-6　1950年—2015年巴西城市体系

城市规模	数据类型	年份		
		1950	1985	2015
百万以上	城市人口（万）	536.0	3867.8	8219.3
	人口比重（%）	27.0	41.0	47.0
	城市数量（个）	2	10	21
50万～100万	城市人口（万）	66.1	670.2	831.1
	人口比重（%）	3.0	7.0	5.0
	城市数量（个）	1	9	12
30万～50万	城市人口（万）	130.3	515.7	908.7
	人口比重（%）	7.0	5.0	5.0
	城市数量（个）	3	14	24
30万以下	城市人口（万）	1219.3	4463.2	7491.6
	人口比重（%）	62.0	47.0	43.0

数据来源：United Nations, Department of Economic and Social Affairs. Population Division (2014). World Urbanization Prospects: The 2014 Revision.

不同于欧美日等发达国家和地区，巴西的城市化速度非常快，其他发达国家用50年才通过的快速城市化阶段，它在30年间就完成了；其他发达国家在这一阶段的国民生产总值翻了2.5倍，但巴西却只增加了60%；在其他发达国家没有出现的严重贫民窟现象，在巴西却成为城市化过程中的主要问题之一，其城市化过程中甚至形成集聚大量贫困农村移民的“边缘化”城市，数个“边缘化”城市以中心城市为依托，形成城市群[1]。

巴西的大城市发展模式是各种原因综合作用的结果。首先，大城市发展模式是在大城市的集聚效应和规模效应的影响下形成的。巴西的大城市发展远在工业化之前，咖啡种植以及移民不断涌入传统城市，使其不断扩展，这就为形成大城市模式提供了基础[2]。加之工业化初期资本有限，只有采取非均衡发展战略才可能以点带面实现经济的腾飞，在经济发展战略的推动下，大城市发展模式成为自然而然的选择。到城市化加速时期，在进口替代战略的推动下，巴西基本建立了自己的工业体系，同时其大城市规模不断壮大。1950年，巴西便出现了两个百万城市，这两个百万城市不但在人口规模上占优势，在经济发展水平以及工业产值上也占绝对优势。例如圣保罗的工业品份额在1950年便达到全国份额的50%以上[3]。在缺乏必要的规划调控措施和集聚效应的影响下，大城市的人口不断增加，规模不断扩大，大城市的发展优势在城镇体系中越发明显，大城市发展模式不断得以加强与巩固。其次，来自农村的推力对巴西大城市化模式的形成做出了重要贡献。和其他国家和地区一样，农业工业化所导致的农村剩余劳动力成为农村人口向城市转移的重要原因。但是，与其他国家和地区不同的是，巴西农村中绝大多数土地集中在少数农业庄园主手中，大量农民要么没有土地，要

1　吴国平，武小琦. 巴西城镇化进程及其启示[M]. 拉丁美洲研究，2014（2）.

2　颜俊. 巴西人口城市化进程及模式研究[D]. 上海：华东师范大学，2011.

3　简新华，何志扬，黄锟. 中国城镇化与特色城镇化道路[M]. 济南：山东人民出版社，2010.

么只占有少量的不能维持其家庭生存的土地。这种土地制度使大量农村人口缺乏在农村生存和发展的条件，只能转向城市谋生存，因此大城市便成为他们的首选。最后，小城镇建设资金的匮乏导致人口向大城市集聚。在“巴西奇迹”发生的同时，政府也有计划地修建小城镇，投资兴建医院、学校以及公路等一系列基础设施以引导人口尤其是移民由大城市向小城镇转移，但是，随着“中等收入陷阱”的到来，巴西经济衰退、通货膨胀以及债务危机等一系列问题导致小城镇的建设资金短缺，基础设施建设和维护不到位，大批移民又流向大城市。大城市的集聚效应和规模效益、农村土地高度集中化以及小城镇建设失败是巴西一直维持大城市发展模式的原因。但是，值得注意的是，虽然巴西一直推行大城市发展模式，它也逐步形成了以中心城市为依托的城市群，如圣保罗城市群等。

4.2.2 印度的城镇化模式

印度的城市发展早于其城镇化，早在殖民地时期，作为宗主国的原料产地及工业品倾销地，印度便兴起了一些大城市，如孟买、加尔各答以及马德拉斯等，但其整体上城市数量少，城市化率低下。直至独立前夕的1941年，印度的城市人口为4415万，占总人口31 870万的13.9%[1]。1947年，印度实现独立，其城市化进程也进入初期阶段。根据联合国的统计，1950年，印度的总人口为37 632.5万，其中城市人口为

1 G. Kaushal. *Economic history of India, 1757-1966* [M]. New Delhi: Kalyani Publishers, 1979.

6413.4万，城市化率为17.0%；历经58年的发展，至2008年，印度总人口为117 466.2万，城市人口为35 528.7万，城市化率为30.2%，步入快速城市化阶段；至2015年，印度总人口达128 239.0万，城市人口为41 993.9万，城市化率为32.7%[1]。

印度在城市化初期便采取了大城市发展模式。以百万以上、50万～100万、30万～50万人口为城市划分标准，1950年，印度的百万人口城市为5个，占城市总数17个的29.4%，百万以上城市人口总数占城市总人口的18%；2010年印度城市化率超过30%，城市总数量达146个，其中百万以上大城市人口为49个，占城市总数量的33.6%，其人口占城市总人口的43%；2015年，印度的城市总数量达169个，其中百万以上大城市为58个，占城市总数量的34.3%，其人口占城市总人口的46%[2]。无论是城市数量，还是城市人口比例，大城市在印度城市体系中都占绝对优势。印度1950—2015年城市体系详见表4-7：

1 United Nations, Department of Economic and Social Affairs. Population Division (2014) [R]. World Urbanization Prospects: The 2014 Revision, CD-ROM Edition.

2 United Nations, Department of Economic and Social Affairs. Population Division (2014) [R]. World Urbanization Prospects: The 2014 Revision, CD-ROM Edition.

表4-7　1950年—2015年印度城市体系

国家	城市规模	数据类型	年份		
			1950	2010	2015
印度	百万以上	城市人口（万）	1132.8	15 939.0	19 222.1
		人口比重（%）	18.0	43.0	46.0
		城市数量（个）	5	49	58
	50万～100万	城市人口（万）	287.0	2923.6	3217.3
		人口比重（%）	4.0	8.0	8.0
		城市数量（个）	4	42	50
	30万～50万	城市人口（万）	300.9	2088.5	2238.3
		人口比重（%）	5.0	6.0	5.0
		城市数量（个）	8	55	61
	30万以下	城市人口（万）	4692.8	16 339.1	17 316.2
		人口比重（%）	73.0	44.0	41.0

数据来源：United Nations, Department of Economic and Social Affairs. Population Division (2014). World Urbanization Prospects: The 2014 Revision.

印度城市化速度十分缓慢，从独立至今，历经70年，其城市化率才过30%，进入快速城市化阶段。虽然，在独立后的城市化过程中，其大城市发展模式是由工业化推动，并与工业化水平基本适应的，但是，在大城市发展模式的城市化推进过程中也出现了很多问题。首先，印度大城市孤立地分布在某些区域，周边缺乏相应的中小城市形成城市体系[1]。

1　简新华，何志扬，黄锟. 中国城镇化与特色城镇化道路[M]. 济南：山东人民出版社，2010.

其次，大城市人口过于拥挤，配套的基础设施却跟不上，城市居民的生存环境恶劣。最后，大城市的经济结构导致其就业吸纳能力远远跟不上人口流入数量，使得涌入大城市的大部分人口无法在正规部门就业，转而流向非正规部门甚至失业。在非正规部门高就业率与正规部门高失业率的影响下，印度产生了大量城市贫困人口，也在大城市周边形成了众多城市贫民窟。

印度的城市化模式有其历史原因，也与其工业化发展水平相关，同时还与其社会经济制度有关。早在殖民地时期，印度便形成了孟买等大城市，这些大城市在当时是政治、经济中心，在印度独立以后便成为政治经济文化中心，也是印度工业化的发源地。在集聚效应和规模效应的影响下，几大城市持续不断吸引外来人口，人口规模进一步膨胀，成为引领大城市发展模式的几个主要城市。此外，工业化水平是影响城市化模式的重要因素。印度独立以来，为力求经济腾飞，不得不和其他发展中国家一样，采取非均衡发展战略，将有限的资本投资于基础尚好的大城市，再加之印度选择了重工业化的工业化战略，大城市成为重工业产业的最佳载体。但是，重工业的资本密集型属性又决定了其无法吸纳更多的剩余劳动力，故而大城市发展模式下的低就业率造就了印度城市化模式的现状。以20世纪80年代初期为例，印度城市地区的制造业就业增长率为0.2%，而其城市地区人口的增长率则达3.6%[1]。具体来说，大城市工业化水平高，城市化

1　简新华，何志扬，黄锟. 中国城镇化与特色城镇化道路[M]. 济南：山东人民出版社，2010.

水平高，其人口规模也大。以孟买、德里、加尔各答以及马德拉斯为代表的大城市是印度工业、商业、金融、政治、社会以及教育的中心。在20世纪80年代，这四大城市的税收占全国税收总额的70%以上[1]。其他中小城市工业化水平低下，人口比重也相对较小，在发展过程中，其人口比例不但没有增加，有些反而减少。再加上印度重工业轻农业的工业化政策，导致农业发展困难，并进一步遏制了工业的发展。而工业发展受限一方面表现为城市就业岗位增加有限，无法吸纳更多的劳动力；另一方面表现为农村发展受阻，农业剩余劳动力增多，大量人口流向大城市。这一受限一增加的事实导致大城市人口持续增加。农村土地分配不平等的事实使农村发展条件恶劣的事态进一步恶化，大量劳动力在农村无法维持其本人与家庭的生活而不得不向大城市转移以寻求谋生机会。最后，由于印度没有迁徙、人口等方面的强制措施，导致其人口特别是农村人口的总量及增长率居高不下，产生大量农村剩余劳动力，这些劳动力大量涌入大城市，使大城市人口进一步膨胀，也使大城市模式进一步加强与巩固。虽然印度也意识到了大城市畸形发展所带来的问题，并制定了一系列政策和规划控制大城市发展、协调城乡发展，如“一五计划”到“八五计划”，但是收效甚微[2]。

1 俞金尧. 20世纪发展中国家城市化历史反思——以拉丁美洲和印度为主要对象的分析[J]. 城市历史研究，2011（3）.

2 俞金尧. 20世纪发展中国家城市化历史反思——以拉丁美洲和印度为主要对象的分析[J]. 城市历史研究，2011（3）.

4.2.3 发展中国家的城镇化模式对我国的启示

巴西和印度等发展中国家在城市化过程中取得了一些成就，也出现了一些问题，其发展中国家的现状以及国土面积大、人口众多的国情与我国有一定相似之处。它们在城市化发展过程中所采取的城市化模式带来的优势与产生的问题对我国的城市化发展以及城镇化模式的选择兼具启示和警示作用。

4.2.3.1 城镇化模式的选择是各种条件综合的结果

无论是巴西还是印度，都选择了大城市发展模式，也都是各种因素和条件综合作用的结果。首先，历史条件是其选择大城市发展模式的基础条件。无论巴西还是印度，在殖民地时期都形成了几个大城市，相对于其他区域，大城市不但是政治经济和文化中心，也具有良好的基础设施以及素质良好的劳动力，这就为独立以后采取大城市发展模式提供了先天条件。其次，经济发展起步时期资本短缺的事实导致其不得不采取大城市发展模式。无论是巴西还是印度，在独立以后都开始了工业化进程和城市化进程，但是独立之初经济水平低下、资本短缺的事实，导致其不得不采取非均衡发展战略将有限资源投资于少数几个区域以期实现极化效应促进经济发展，而各类条件相对优越的大城市便成为首选之地，这是巴西和印度等发展中国家在城市化初期选择大城市发展模式的根本原因。第三，工业化战略进一步强化了现有的城镇化模式。印度在工业化过程中选择了重工业化战略，正如我们之前分析的，大城市是重工业的最佳载体，重工业的发展促进大城市进一步发展；再加之重工业化战略忽略了轻工业的发展，从而限制了适合轻工业发展的中小城市，大城市发展模式进一步得以加强与巩固。第四，来自农村的推力成为实行大城市发展模式的重要原因。无论巴西还是印度，农村人口都成为大城市人口规模不断壮大的重要来源。在向大城市不断转移的农村人口中，不仅有因为农业发展而形成的农村剩余劳动力，还有很多因为土地制度原因在农村无法维持其个人与家庭生存的劳动力。例如，巴西农村的土地集中在少数大庄园主手中，绝大多数的农民没有自己的土地或只有少量无法维持其生存的土地，只有沦为农业工人或流向城市谋生；印度的土地虽然不如巴西集中，印度农村很多人也没有土地或者只有少量并不能维持其个人和家庭生存的土地，所以不得不向城市流动以谋生。由于大城市模式下劳动力在大城市的发展优势远远大于其他规模城市，在大城市集聚效应的影响下，农村移民大多流向了大城市，成为大城市人口规模不断壮大的重要来源，这也使大城市模式得到进一步巩固与加强。最后，经济社会制度是影响城市化模式的重要因素。在民主社会中，政府并没有权力直接限制人口的流动，再加上政府的规划调控能力不足，使得城市化模式的改变愈发困难。巴西政府虽然意识到了大城市过度发展的大城市模式并不利于未来经济的增长以及社会的发展，也采取了规划、投资、政策倾斜、宣传等一系列措施鼓励人口向非大城市流动，然而，由于资金投资不到位、政策执行不到位等一系列原因，这些努力收效甚微，甚至以失败告终。同样，印度在鼓励人口向其他规模城市转移时也采取了规划、宣传等一系列措施，但是这些措施不仅没有增强这些城市对人口的吸引力，反而在生育率居高不下的国情下，人口仍然持续流向大城市。大城市的人口不断增多，大城市发展模式进一步加强与巩固，大城市模式的改变更加困难。

4.2.3.2 城镇化模式可能会促进城镇化的发展也可能不会

巴西和印度在各种条件因素的作用下都选择了大城市发展模式，二者的城镇化模式相同，其城镇化发展状况以及城镇体系所承载的内容却不相同。巴西在选择大城市发展模式之后以很快的速度完成了城镇化，进入城镇化后期。从城镇化的速度来说，巴西的城镇化已经完成。而巴西的快速城镇化离不开其选择的大城市发展模式，因为大城市不但在人口比例上占绝对优势，在城市人口增长率上占绝对优势，也是农村城市化过程中最主要也是最重要的人口接收地。所以，巴西的大城市发展模式加快了城镇化的速度，促进了人口城镇化。印度却相反，虽然印度也采取了大城市发展模式，但其城镇化发展速度缓慢。这就说明，虽然大城市在人口接收方面具有优势，也是人口快速城镇化的重要手段，但是，大城市并不是万能的，其接纳人口的能力有限，在人口基数大、增长率居高不下的情况下，大城市也无法接收所有农村移民，快速实现城镇化以及人口城镇化。所以，虽然城镇化模式与城镇化的发展具有相关性，却没有因果性。此外，城镇化模式还可能导致一些严重的问题。例如，巴西的大城市模式导致人口过于集中于大城市，基础设施供不应求，居民生活质量下降，甚至出现严重的贫民窟问题；大城市发展模式还因为集聚效应吸引了大量的资本与技术，使其他规模城市的发展受限，从而形成强者越强、弱者越弱的恶性循环。

印度的大城市发展模式除了面临和巴西一样的问题以外，还面临一个更关键的问题，即大城市孤立存在于某些区域，周边缺乏与之联系、可以缓解疏散其功能的中小城市。如果说巴西的大城市问题还有可能通过建立和发展城市群的方式解决的话，印度的问题则在于如何兴建一批中小城市为城市群的建立和发展提供客观条件。

4.2.3.3 健康的工业化才是解决城镇化模式问题的关键

正如前文所分析的，无论是巴西的城镇化模式还是印度的城镇化模式，都和其工业化进程有关。巴西采取大城市发展模式虽然很快实现了城镇化，但是其城镇化质量不高，人口城镇化速度远远快于工业化速度，即过度城镇化。巴西虽然基本建立了自己的工业体系，但其工业化程度支撑不了如此高的城镇化水平，工业的就业吸纳能力有限。在大城市发展模式和人口规模既定甚至增大的情况下，工业的就业吸纳能力有限，可能导致大量人口失业。这些失业人口便在集聚效应的影响下向大城市流入，产生诸如大城市拥挤、贫民窟等问题。巴西的农业规模化经营与其工业化进程不相符。大庄园土地制度下土地集中在少数人手中为农业规模化经营创造了有利条件，使农业生产力提高较快，农业的资本有机构成较高，从而导致农业剩余劳动力快速增加。农业部门剩余劳动力越来越多，工业部门吸纳劳动力的能力却有限，从而涌现大量失业人口。因此，与工业化进程不相匹配的城市化率以及农业规模化经营是导致巴西过度城镇化的根本原因。想要解决这一问题，就必须进一步完善工业体系，促进劳动力密集型的轻工业发展，从而吸引更多劳动力到正规部门就业，降低失业率；同时还应该改革土地制度，使广大巴西农民在农村能拥有可维持自身与家庭发展的土地，从而减少流向大城市的农村移民。印度的大城市发展模式与其重工业化战略相匹配。重工业化有利于快速促进经济发展，但是却可能让轻工业的发展受限。重工业的资本密集型属性导致印度的工业部门无法吸收更多的劳动力。重工业化战略与大城市发展模式相互促进，使大城市模式进一步巩固与加强，大城市模式的问题也进一步恶化。其次，印度的农村发展落后，农业生产率低下，虽然相比巴西在一定程度上缓解了农村剩余劳动力过多的问题，但是落后的农业和农村经济也意味着较少的农产品供给和工业品需求，这进一步遏制了工业的发展。农业产业的落后一方面导致更多的农村贫困人口向大城市转移，另一方面也不利于工业部门吸纳更多的劳动力。因此，农业产业的落后是大量失业人口集聚于大城市、大城市模式得以强化与巩固的重要原因。印度大城市发展模式的问题仍然需要通过健康的工业化来实现。首先，印度需要建立完善的工业体系，改变重重工业、轻轻工业的发展战略，大力发展劳动力密集型产业以吸纳更多劳动力；其次，印度还应该重视农业的发展，农业的发展不但可以提高农村居民的生活水平、减少流向大城市的农村贫困人口，还可以提高农业产业积累，为农业及工业发展提供资本，甚至可以扩大工业品需求市场，促进工业的发展，并进一步吸纳更多劳动力。

4.3 本章小结

首先，本章梳理了英法德、美国以及日本等发达国家的城镇化模式，并对其模式进行分析，得出有利于我国城镇化模式发展的启示。英法德等欧洲国家秉承小城市发展模式，美国的城镇化模式则由城镇化初期的大城市发展模式逐渐转变为城市群发展模式，日本则在城镇化初期采用了大城市发展模式，在城市化逐渐完成时转变为城市群发展模式。不过，无论哪国，其在城市化完成之后都形成了城市群。发达国家已经基本实现城镇化，其发展历程留给我们一些启示：无论哪种城镇化模式都可能实现城镇化，城镇化模式在发展过程中也并非一成不变，可根据具体国情进行调整。但是，城镇化模式必须与产业发展相适应，同时也是自然禀赋影响的结果。同时，经济社会制度会影响城镇化模式，在市场主导下的政府调控可缓解乃至解决城镇化模式出现的问题，甚至改变城镇化模式。最后，无论哪种城镇化模式，都必须考虑基础设施的建设与完善，只有基础设施配套到位了，城市化模式才能顺利实施与推进。

接着，本章梳理了巴西和印度等发展中国家的城镇化模式，并对其模式及其产生的问题进行了分析，从而为我国城镇化模式的选择提供启示与警示。巴西等拉美国家形成了大城市发展模式，并且在城市化完成之时形成了具有一定规模的城市群。巴西在大城市发展模式下有着比西方发达国家更快的城镇化速度，但是也产生了过度城市化、贫民窟等问题。巴西的大城市发展模式是大城市集聚效应、来自农村的推力以及小城镇投资建设失败等因素综合作用的结果。印度同样采用了大城市发展模式。但是，大城市发展模式下的印度城市化率非常低，城市化速度缓慢，还产生了诸如贫民窟等一系列问题。印度的城镇化模式选择也是各种原因综合作用的结果。首先，大城市在城市化开始之前就已经发展良好是其选择大城市发展模式的历史原因；其次，非均衡发展战略以及重工业化战略的实施是选择大城市发展模式的根本原因；最后，印度农村的土地制度、自由迁徙制度以及高生育率水平也进一步强化与巩固了大城市发展模式，而政府政策与规划的制定与执行能力不到位使要改变大城市发展模式变得愈发困难。

5

我国城镇化模式的发展分析

从中华人民共和国成立到2018年，我国的城镇化发展取得了巨大的成就。其中，城镇化率在不到70年间从1949年的10.6%上升至56.1%，城市数量由1949年的117个增加至656个[1]。回顾我国城镇化的发展历程以及城镇化模式的特点，有助于总结城镇化模式在城镇化推进过程中的规律，发现存在的问题，并为未来我国城镇化模式的选择提供启示与借鉴。整体来说，我国城镇化历程大致可以分为改革开放以前、改革开放至20世纪90年代以及90年代至今的三个阶段，不同阶段的城镇化模式也不同。

1 国家统计局国民经济综合统计司. 新中国六十年统计资料汇编[M]. 北京：中国统计出版社，2010；国家统计局. 数据查询[OL]. http://data.stats.gov.cn/.

5.1 我国城镇化的发展历程及其模式特点

5.1.1 改革开放以前的城镇化及其模式

5.1.1.1 城镇化发展情况

1949—1978年间，我国城镇化率和城市数量的变化趋势基本一致，城镇化的发展呈曲折、反复以及整体上升的态势。其中，城镇化率从10.6%上升至17.9%，城镇化率增长7.3%，年均增长率仅为0.2%；城市数量由117个增加至190个，城市数量增长率62.4%，年均增长2.4个[1]。从城镇化率来看，1949年至1959年间，除1955年城镇化率由13.7%略降至1956年的13.5%以外，城镇化率整体上呈稳步上升趋势；1959年至1964年间，城镇化率的波动较大，整体水平下降，1959年到1960年间城镇化率上升较大，达1.3个百分点，至1960年为19.7%（为改革开放以前我国城镇化率的历史最高水平），1960年到1963年城镇化率持续下降，1961年到1962年甚至下降了2个百分点，1964年又达到一个小的高峰值18.4%；此后至1972年，城镇化率持续下降为1972年的波谷值17.1%；再至1978年，城镇化率持续稳步上升至17.9%[2]。从城市数量来看，1949年至1958年间，除1957年城市数量略有下降以外，我国城市数量呈逐步增长的趋势；1958年至1964年间，城市

1 国家统计局国民经济综合统计司. 新中国六十年统计资料汇编[M]. 北京：中国统计出版社，2010.

2 国家统计局国民经济综合统计司. 新中国六十年统计资料汇编[M]. 北京：中国统计出版社，2010.

数量变化不稳定，1958年至1959年城市数量略有下降，而后的1960年、1961年城市数量又稳步上升，并在1961年达到改革开放前的历史峰值206个，随后又持续下降，至1964年的波谷值165个；1965年至1978年间，城市数量又逐渐上升，到1978年，城市数量上升至190个[1]。详见图5-1：

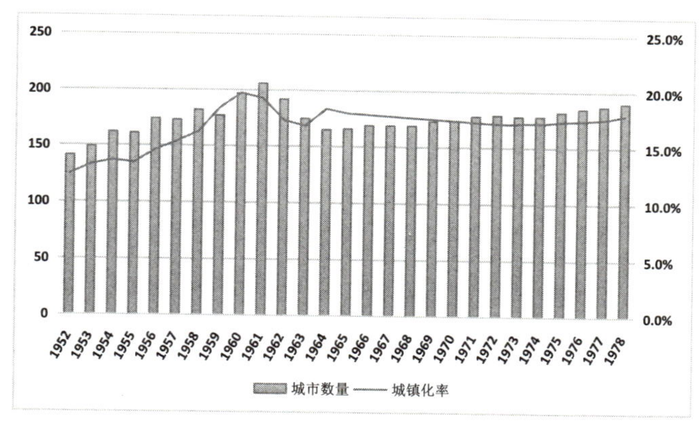

图5-1 1949年—1978年我国城镇化率及城市数量

数据来源：国家统计局国民经济综合统计司. 新中国六十年统计资料汇编[M]. 北京：中国统计出版社，2010.

改革开放以前的城镇化率和城市数量的变化基本反映了我国城镇化建设发展情况，而城镇化建设发展情况又是工业化发展情况以及工业化战略方针的反映。

中华人民共和国成立前的近代社会，我国一直被帝国主

1 国家统计局国民经济综合统计司. 新中国六十年统计资料汇编[M]. 北京：中国统计出版社，2010.

义、封建主义和官僚资本主义三座大山所压迫，独立自主为这一时期的主题。虽然这一时期的工业有了一定的发展，但整体上十分弱小，工业体系并未建立，工业人口以及城市人口也并没有显著变化，其城市化率长期稳定在10%左右[1]。因此，可以说，新中国成立前的工业化尚处于前工业化时期，新中国成立前的城镇化处于尚未起步阶段。1949年，我国才算是真正进入工业化进程，其城镇化也随之起步。实现工业化是新中国成立以来的首要目标。在新中国成立后至改革开放前的30年内，我国确立并实施重工业优先发展的赶超战略。改革开放以前，我国已经基本建立了工业体系，其第一产业、第二产业以及第三产业的产值结构从1952年的51.0：20.9：28.2变为1978年的28.2：47.9：23.9；其中，农业下降22.8个百分点，第二产业增加27个百分点，第三产业下降了4.3个百分点[2]。第二产业中的工业总产值稳步增加，由1949年的140亿元上升至1978年的4231亿元，翻了29倍；轻重工业产业结构也变化明显，轻工业比重逐步下降，重工业比重逐步上升，轻工业由73.6%降至49.6%，重工业由26.4%上升至50.4%，重工业比重过半，基本实现了重工业化优先发展的发展战略[3]。详见图5-2和图5-3：

1 高佩义. 中外城市化比较研究[M]. 天津：南开大学出版社，1991.

2 国家统计局国民经济综合统计司. 新中国六十年统计资料汇编[M]. 北京：中国统计出版社，2010.

3 国家统计局工业交通物资统计司. 1949—1984中国工业的发展统计资料[M]. 北京：中国统计出版社，1985.

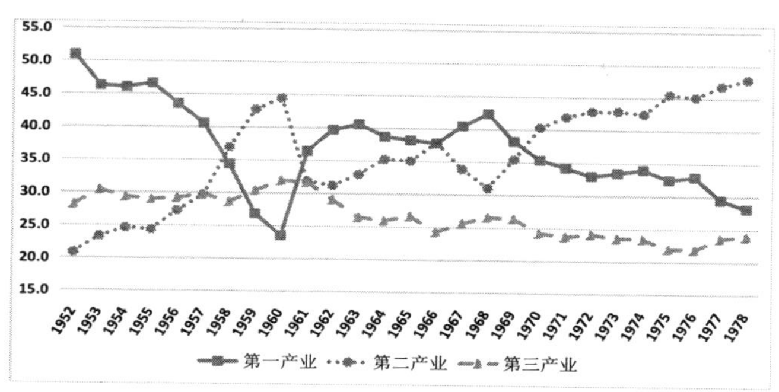

图5-2 1952年—1978年我国三大产业构成

数据来源：国家统计局国民经济综合统计司. 新中国六十年统计资料汇编[M]. 北京：中国统计出版社，2010.

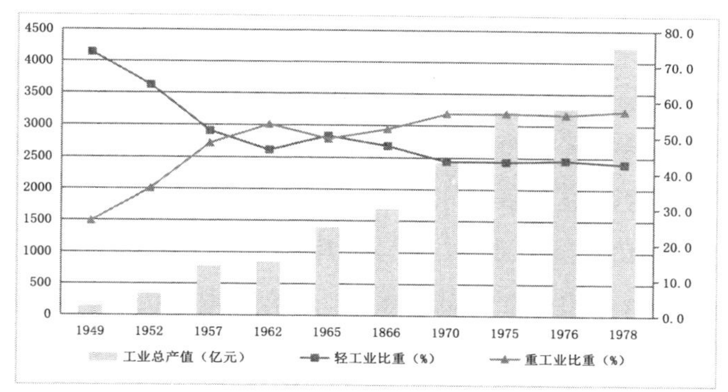

图5-3 1949年—1978年我国轻工业和重工业构成

数据来源：国家统计局工业交通物资统计司. 1949—1984中国工业的发展统计资料[M]. 北京：中国统计出版社，1985.

城镇化是工业化的载体，改革开放前的重工业优先发展战略是这一时期我国城镇化发展速度较慢、城镇化与工业化不同步的主要原因。发达国家的成功经验表明，工业化与城镇化的发展是基本同步的，但是在我国，工业化进程的主要指标第二产业产值比重在由1952年的20.9%上升至1978年的47.9%的同时，其城镇化率仅从12.5%上升至17.9%，第二产业的上涨速度是城镇化率上涨速度的1.6倍。城镇化与工业化不同步，工业化速度快于城镇化，是工业化的发展战略造成的。在重工业优先发展战略的情况下，资本密集型的重工业得到极大发展，而劳动力密集型的轻工业则受到抑制。产业的发展是城镇化的基本动力，在工业化初期，重工业优先发展战略的实施是城镇化发展缓慢的主要原因。

然而，单纯重工业化发展战略的实施并不是改革开放前城镇化发展缓慢的全部原因，社会经济制度对我国城镇化的影响也尤为显著。首先，在1949—1957年间，为配合工业化的发展，我国扩建、兴建了一批城市。如，武汉、洛阳、成都以及西安等一批老工业城市得到了扩建和改造，同时还加强了长春、哈尔滨等东北大中城市的发展，并兴建与发展了一批小城市[1]。在此期间，我国地级城市由56个增加至92个，县级城市由61个增加至81个，城镇化率也由10.6%上升至15.4%[2]。这一时期的城市建设是在工业化的主导下由国家计划安排确定的。此后，由于重工业优先发展战略的制定与实施，我国于1958年撤销了国家建委与城市建设部、实施严格户籍制度，并于1959年确立了“先生产后生活”的建设方

1 简新华，何志扬，黄锟. 中国城镇化与特色城镇化道路[M]. 济南：山东人民出版社，2010.

2 国家统计局国民经济综合统计司. 新中国六十年统计资料汇编[M]. 北京：中国统计出版社，2010.

针，这一系列的措施与政策使城镇化发展受到限制，城市建设基本停止，城市的功能由消费型向生产型转变，农村向城市的人口流动被严格限制。在此期间，部分新设置的地级市恢复为县级市，如岳阳、侯马以及榆次等；部分地级市降级为县级市，如石家庄和保定[1]。虽然这一时期我国的城镇化率有所上升，由1957年的15.4%上升至1959年的18.4%，城市数量由173个上升至177个，但是，地级城市数量由92个减至75个，地级城市数量缩小明显[2]。这段时间的城镇化有明显的政府干预痕迹。不但城市功能人为地由生产生活转为生产，城市级别人为地被降低，而且人口在城市之间以及城乡之间的流动被严格管制。前者意味着城市本身以及外部的资金被严格限制用于城市基础设施的完善，后者意味着城市规模被严格限制。总的来说，城市不但失去了吸引移民的软件条件，而且还被剥夺了主动或被动吸引移民的资格。此后，始于1966年并于改革开放前结束的“文化大革命”对我国的城镇化发展影响甚重，在此期间，政治运动成为我国的重心与主题，工农业生产都遭到极大损害，城镇化发展也深受其害。1968年开始，我国开始了“上山下乡”运动，大批知识青年、城镇职工以及干部被从城市动员至农村。据不完全统计，“文化大革命”期间从城市到农村插队的知青大约有2000万人，再加上城镇干部、城镇职工以及家属等，由城镇

1 简新华，何志扬，黄锟. 中国城镇化与特色城镇化道路[M]. 济南：山东人民出版社，2010.

2 国家统计局国民经济综合统计司. 新中国六十年统计资料汇编[M]. 北京：中国统计出版社，2010.

下放至农村的人口大约为3000万人[1]。这一时期，我国城镇化率先持续略微下降后又持续略微上升，在“文化大革命”开始的1966年和结束的1978年，我国城镇化率保持不变，为17.9%；城镇数量略微上升，由169个上升至190个，其中地级城市数量持续略微上升，县级城市数量先升后降，由90个上升至91个[2]。1966—1978年期间，工农业生产停滞，城镇化失去了动力；而“上山下乡”运动则进一步减少了城市人口，使城镇规模趋向萎缩。如果说严格的户籍制度剥夺了城镇吸引移民的资格，那么“上山下乡”运动则使城镇人口向农村迁移。总之，改革开放前的城镇化发展带有明显的干预痕迹。

此外，自然条件也对我国城镇化发展造成了一定的影响。发生在1959—1961年间的三年自然灾害对我国的人口数量影响极大，1959年至1961年三年的人口自然增长率分别为10.2‰、−4.6‰和3.8‰。数据表明，这三年期间，城镇绝对人口数量由1959年的12 371万小幅增加至1961年的12 707万，而农村人口绝对数量则由54 836万下降至53 152万[3]。虽然没有确凿的统计数据，但是在严格的户籍制度以及确保城市供应的政策指导下，农村人口的死亡和减少数量及比率肯定高于城市，也就是说这一时期的城市化率的小幅上升并非因为城镇人口的增加，而是因为农村人口的减少。此外，城市人

1 简新华，何志扬，黄锟. 中国城镇化与特色城镇化道路[M]. 济南：山东人民出版社，2010.

2 国家统计局国民经济综合统计司. 新中国六十年统计资料汇编[M]. 北京：中国统计出版社，2010.

3 国家统计局国民经济综合统计司. 新中国六十年统计资料汇编[M]. 北京：中国统计出版社，2010.

口依靠自然增长是改革开放以前我国城镇化率缓慢增长的重要原因。据推算，1949—1957年间，我国城镇人口自然增长864.8万，机械增长3319.3万；1960—1978年间，城镇人口自然增长5229.2万，机械增长-1057.2万；整体来说，城镇人口的增加有赖于其自然增长率，且部分人口由城市倒流回农村[1]。所以，从人口来源来看，改革开放以前的城镇化发展主要是城镇人口自然增长导致的。

5.1.1.2 城镇化模式的特点

改革开放前，我国经历了短时间大范围的城镇化建设之后，城镇化建设便基本陷入停滞状态，也没有形成成熟的城镇化发展模式。

从数量结构来看，1949年至1978年间，地级城市和县级城市数量都有所增加，地级城市的数量由56个增加至99个，增长率为76.8%，县级城市由61个增加至91个，增长率为49.2%，镇的数量则锐减，由1955年的4487个减少至1978年的2176个，减少率为51.6%[2]。从数量上来看，地级城市的发展稍快于县级城市，小城镇的发展则全面萎缩，由于地级城市的规模一般大于县级城市，一般地级城市处于大中城市规模范围，县级城市处于小城市规模范围，在一定程度上，我们可以认为大中城市的发展稍快于小城市，这一时期我国的城

1 汪冬梅. 中国城市化问题研究[D]. 泰安：山东农业大学，2003.

2 国家统计局国民经济综合统计司. 新中国六十年统计资料汇编[M]. 北京：中国统计出版社，2010. 因为统计原因并没有全面的数据，但是，1955年和1978年的数据基本能代表改革开放前全面建设城镇化和城镇化基本停滞的两个阶段。

镇化建设倾向于大中城市发展模式。改革开放前我国行政区划下的城镇体系详见表5-1：

表5-1　1949年—1978年我国行政区划下的城镇体系（单位：个）

年份	地级市	县级市	镇	城市合计	城镇合计
1949	56	61	-	117	-
1950	64	66	-	130	-
1951	69	78	-	147	-
1952	67	74	-	141	-
1953	75	74	-	149	-
1954	82	80	-	162	-
1955	83	78	4487	161	4648
1956	88	86	-	174	-
1957	92	81	-	173	-
1958	68	114	-	182	-
1959	75	102	-	177	-
1960	88	109	-	197	-
1961	80	126	-	206	-
1962	81	111	-	192	-
1963	78	97	-	175	-
1964	75	90	-	165	-
1965	76	90	-	166	-
1966	79	90	-	169	-
1967	79	90	-	169	-
1968	79	90	-	169	-
1969	80	93	-	173	-
1970	79	95	-	174	-

续表5-1

年份	地级市	县级市	镇	城市合计	城镇合计
1971	82	96	-	178	-
1972	82	97	-	179	-
1973	83	95	-	178	-
1974	87	91	-	178	-
1975	96	86	-	182	-
1976	96	89	-	185	-
1977	97	90	-	187	-
1978	99	91	2176	190	2366

数据来源：国家统计局国民经济综合统计司. 新中国六十年统计资料汇编[M]. 北京：中国统计出版社，2010.

联合国的数据也基本印证了上述判断。1950年，我国百万以上人口大城市仅有8个，人口占总城市人口的23.9%，至1975年，百万以上人口大城市增加至16个（其中还有1个500万以上人口的特大城市），城市数量增加100%，人口比例略微下降至23.3%；人口在50万～100万之间的中等城市则由11个增加至29个，城市数量增加163.6%，人口比例由11.0%略微上升至12.9%；人口在30万～50万之间的小城市则由15个增加至35个，城市数量增加133.3%，人口比例由8.6%略微下降至8.1%；30万以下小城市的人口比例则由56.5%略微下降至55.7%[1]。数据表明，中等城市数量增长最快，人口比例也稍

1 United Nations, Department of Economic and Social Affairs. Population Division (2014) [R]. World Urbanization Prospects: The 2014 Revision, CD-ROM Edition.

有上升；大城市数量增长相对较慢，人口比例略有下降；小城市数量增长居中，人口比例略有下降。从整体上看，改革开放以前我国城镇化建设发展缓慢，各类规模城市的发展基本保持原状，相对而言，中等规模城市发展稍微快于其他规模城市，有中等城市发展模式的特征。我国1959—1975年城市体系详见表5-2：

表5-2　1950年—1975年我国城市体系

城市规模	数据类型	年份					
		1950	1955	1960	1965	1970	1975
百万以上	城市人口（万）	1530.9	2122.9	2790.2	3179.4	3389.9	3700.8
	人口比重（%）	23.9	25.5	26.5	24.7	23.9	23.3
	城市数量（个）	8	10	12	14	15	16
50万～100万	城市人口（万）	7082.0	807.8	1023.6	1364.8	1731.8	2050.9
	人口比重（%）	11.0	9.7	9.7	10.6	12.2	12.9
	城市数量（个）	11	11	14	20	26	29
30万～50万	城市人口（万）	549.6	694.2	913.4	872.0	863.5	1286.3
	人口比重（%）	8.6	8.3	8.7	6.8	6.1	8.1
	城市数量（个）	15	18	24	22	23	35

续表5-2

城市规模	数据类型	年份					
		1950	1955	1960	1965	1970	1975
30万以下	城市人口（万）	3629.3	4702.7	5815.5	7453.0	8185.0	8858.2
	人口比重（%）	56.5	56.5	55.2	57.9	57.8	55.7

数据来源：United Nations, Department of Economic and Social Affairs. Population Division (2014). World Urbanization Prospects: The 2014 Revision.

从空间结构来看，改革开放以前的城市布局呈均衡化发展。新中国成立初，我国城市在空间上呈现东强西弱的局面。无论是城市数量、人口占比、城市建设或者经济发展，东、中、西部地区[1]呈现出由强变弱的特点。基于当时国际政治局面较为紧张的判断，也为了改变城市发展不均衡的局面，我国做出了一线搬迁、二线加强、大搞三线的战略决策，工业和基础设施建设西进、城市布局不西移。根据1979年中国统计年鉴，1949年东、中、西部地区的城市数量比为51.1%、39.3%、9.6%；至1978年，这一结构变为35.8%、

1　东、中、西部地区又称三大地区，其中东部地区包括北京、天津、河北、辽宁、上海、江苏、浙江、福建、山东、广东、广西和海南等12个省、市、自治区；中部地区包括山西、内蒙古、吉林、黑龙江、安徽、江西、河南、湖北、湖南等9个省和自治区；西部地区包括重庆（原隶属于四川省，1997年成立直辖市）、四川、贵州、云南、西藏、陕西、甘肃、宁夏、青海、新疆等10个省、市、自治区；台湾、香港特别行政区和澳门特别行政区未列入其中。

43.5%、20.7%[1]。东部地区的城市数量比例由新中国成立初的过半，降为30年后的35.8%，中西部地区的城市数量占比明显增加，特别是西部地区，其城市数量比例由新中国成立初期的9.6%上升至20.7%，增加明显。详见图5-4和图5-5：

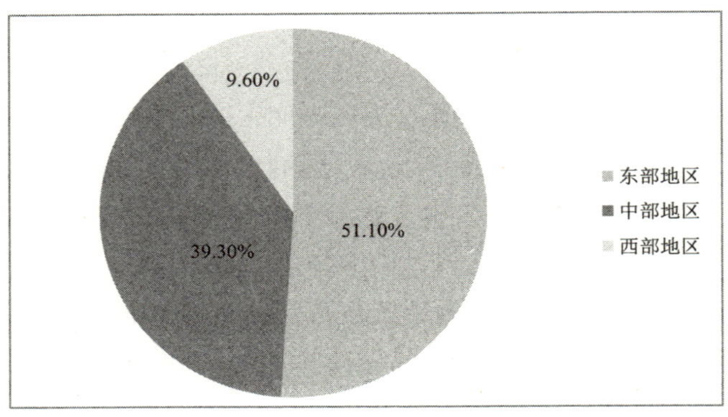

图5-4 1949年我国三大区域城市比例

1 简新华，何志扬，黄锟. 中国城镇化与特色城镇化道路[M]. 济南：山东人民出版社，2010.

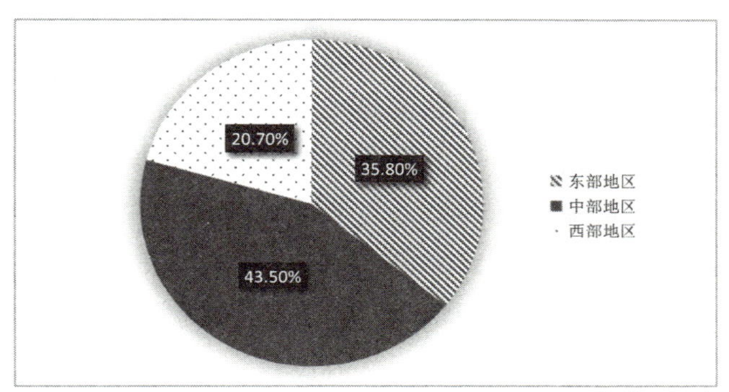

图5-5 1978年年我国三大区域城市比例

改革开放前城镇化模式的特点真实地反映了我国当时城镇化的发展建设情况。新中国成立初期几年内我国城镇化建设发展迅速，城市数量及城镇人口数量增加明显，这一时期内各个规模的城市都有一定的发展，但是整体上大中城市尤其是大城市发展迅速。而后，我国在工业上采取重工业优先发展的工业化战略，在城市建设方针上采取“先生产、后生活”的政策方针，因而城镇建设基本陷于停滞，但是重工业适合布局于大中城市的特点使大中城市发展相对较快。之所以中等城市发展稍好于大城市，即我国具有中等城市发展模式倾向的原因在于计划经济以及计划经济下的行政区划。计划经济可集中力量建设大城市，但是在生产力水平发展有限的条件下，经济能够支撑的大城市数量有限，故而大城市的数量有限。在当时的经济条件下，建设大量大城市并不可能，但是，我国行政区划的特点决定了每个省级及每个地级区划对其自身的经济发展以及城市建设都有一定的自主权；虽然大城市建设限于财力、人力，并非每个省级或地级区划都能实现，但是，在省和省、地市和地市之间的竞争中，每个城市及其领导班子都有将城市建大的冲动。故而，省级区域期望本行政区划内有更多的城市，城市规模能更大，地市区域希望自己的地级城市规模能更大，区域内能有更多的城市。在大城市有限的前提条件下，以竞争为驱动的城市规模倾向于中等城市，因而中等城市在城市体系的发展变化中略占优势。这一时期，我国有中等城市发展模式的倾向。

5.1.2 改革开放至20世纪90年代末的城镇化及其模式

5.1.2.1 城镇化发展情况

1979年至1998年间[1]，我国城镇人口及城镇化率逐年增长。其中，城镇人口由18 495万增加至41 608万，城镇人口数量增加了125.0%；城镇化率由19.0%增加至33.4%，城镇化率增加了75.9%[2]。值得注意的是，1996年在我国城镇化过程中具有里程碑式的意义，因为，这一年我国的城镇化率首次超过30%，从这一年开始，我国步入快速城镇化阶段[3]。详见图5-6：

1 以1998年作为时间节点的主要原因在于，1998年以后，受东南亚金融危机的影响，我国经济面临转型，未来有关经济以及城镇化的一系列政策都是在此背景下制定的。

2 国家统计局国民经济综合统计司. 新中国六十年统计资料汇编[M]. 北京：中国统计出版社，2010.

3 国家统计局国民经济综合统计司. 新中国六十年统计资料汇编[M]. 北京：中国统计出版社，2010.

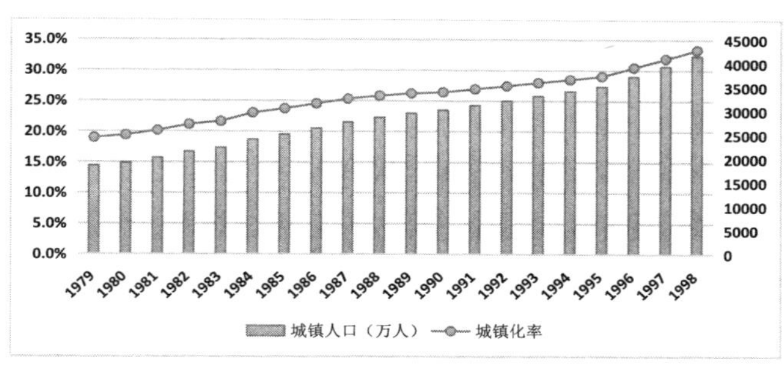

图5-6 1979年—1998年我国城镇人口及城镇化率

数据来源：国家统计局国民经济综合统计司. 新中国六十年统计资料汇编[M]. 北京：中国统计出版社，2010.

这一时期的城镇化发展基本反映了我国工业化的发展变化。首先，在这一时期，我国国内经济持续稳步增长，1979年至1998年间，我国国内生产总值从4062.6亿元增加至84 402.3亿元，年均增长4017.0亿元；人均国内生产总值从419元增长至人均6796元，20年间翻了15倍[1]。与此同时，三大产业结构也在逐步改变。三大产业结构由1979年的31.3：47.1：21.6变为1998年的17.6：46.2：36.2；其中，第一产业的比重持续降低，第二产业的比重先略微下降后又逐渐恢复至改革开放前的比重，第三产业的比重在1983—1985年间上涨较为迅速，其余时段维持稳步上涨，详见图5-7。第二产业的比重先降低再增加的主要原因在于改革开放以前，

1　国家统计局国民经济综合统计司. 新中国六十年统计资料汇编[M]. 北京：中国统计出版社，2010.

重工业优先发展战略人为抑制了第三产业的发展，改革开放释放出的巨大消费潜力使第三产业有了报复性反弹，故而第三产业的比重迅速上升，第二产业比重稍有下降。在这股反弹的消费能力被消化以后，三大产业的发展又回到正轨，第二产业的比重转降为升，第三产业的比重持续稳步上涨。经济发展促进了城镇化的发展，无论是第二产业还是第三产业，其主要载体是城镇，而非农村；因而第二产业和第三产业的发展会吸引大量的人口向城镇集聚，从而推动城镇化的发展。此外，虽然第一产业的比重在持续降低，但是其绝对产值在不停增加。第一产业的发展不但为第二、第三产业的发展提供原材料和市场，也为第二、第三产业的发展提供劳动力，也就为城镇规模的扩大以及城镇数量的增加提供了移民。因而第一产业的发展是城镇化发展的基础动力。

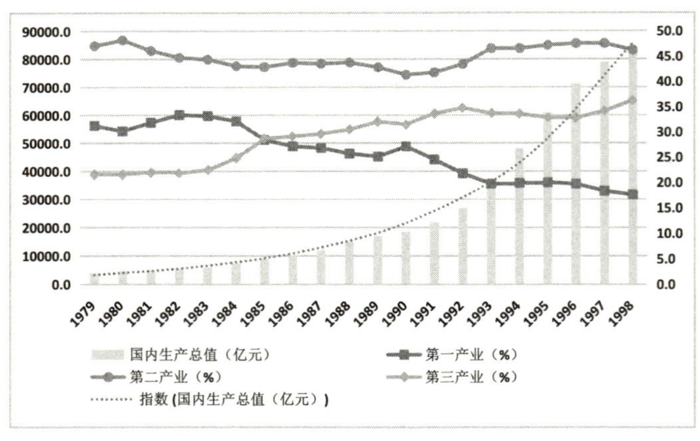

图5-7 1979年—1998年我国国内生产总值及其构成

数据来源：国家统计局国民经济综合统计司. 新中国六十年统计资料汇编[M]. 北京：中国统计出版社，2010.

除工业化以外，我国城镇化还受社会经济制度的影响。首先，改革开放后最先确立的家庭联产承包责任制对这一时期我国的城镇化影响深远。家庭联产承包不但大大提高了农业的生产力和农民收入，还使农村出现了大量剩余劳动力。在严格的户籍制度以及城乡流动制度下，要解决农村剩余劳动力问题，就必须打破原来城市搞工业、农村搞农业的二元发展格局，创新农村工业化。在这一背景下，我国兴起了大量乡镇企业，也因此兴建了大批小城镇。其次，对外开放政策的实施，也对我国的城镇化产生了深远影响。对外开放战略的实施以及沿海经济特区的设立使我国东南及华南沿海吸引了大批外资投资建厂，在促进经济发展的同时，也集聚了大批劳动力，不仅使沿海地区原有各城市规模进一步扩大，同时也新兴了一大批城镇，城镇化建设进一步发展。第三，户籍政策的逐步改变以及流动人口管理的放松进一步促进了城镇化的发展。始于20世纪50年代的户籍政策以及人口流动政策严格限制了人口的自由迁徙。改革开放以来，虽然户籍管理制度仍然很严，人口的流动依然有诸多限制，特别是农民工进城有诸多限制政策。但是，整体上，人口流动更加自由，农民工向城市，特别是大城市的流动也更加频繁。因此，城市规模不断扩大，新兴城镇不断增多。第四，计划生育政策的全面实施也对我国城镇化产生了深远影响。由于城市对计划生育政策的贯彻和实施要远比农村严格，城镇人口的自然增长率在这一时期要低于农村以及全国水平。以1998年为例，全国的人口自然增长率为9.1‰，城市地区的人口自然增长率仅为5.6‰，城市市区自然增长率则更少，为

5.32‰[1]。事实上，在实施计划生育政策以来，我国城市的自然生育率长期低于全国水平，但是1979年到1998年间全国城镇人口却增加了125.0%，全国人口则只增加了27.9%[2]。也就是说，在计划生育政策的影响下，人口的自然增长并没有对城镇化的发展产生正面影响，城镇化率的提高以及城镇人口的增加主要靠城镇人口的机械增长。

最后，这一时期的城镇化也受自然环境的影响。我国地形地貌复杂，整体上东部沿海地区地势平缓、气候适宜，而西部地区多山川、气候条件较差，在地势地貌及气候方面，东南沿海比西部内陆更适合发展城市。在地理位置方面，东南沿海具有海运优势，再加上东南沿海与欧美日等发达国家和地区的交通便捷度远高于西部内陆，故而对外开放始于东南沿海，重点也在东南沿海。政策倾斜下的东南沿海经济发展更加迅速，其城镇化发展也更快。

5.1.2.2 城镇化模式的特点

这一时期，我国的城镇化模式有十分明显的特点。

首先，从行政体系结构来看，各类行政级别的城镇发展迅速，小城镇发展尤其突出。1979年，我国的地级市、县级市以及建制镇分别为104个、109个以及2361个，城市合计213个，城镇合计2574个；至1998年，我国地级市达227个，县级市达437个，建制镇则为19 216个，城市合计664个，城镇合

1 国家统计局国民经济综合统计司. 新中国六十年统计资料汇编[M]. 北京：中国统计出版社，2010.

2 国家统计局国民经济综合统计司. 新中国六十年统计资料汇编[M]. 北京：中国统计出版社，2010.

计19 880个；地级市、县级市以及建制镇分别增长118.3%、300.9%、713.9%，城市合计增长211.7%，城镇合计增长672.3%[1]。详见表5-3：

表5-3　1979年—1998年我国行政区划下的城镇体系（单位：个）

年份	地级市	县级市	镇	城市合计	城镇合计
1979	104	109	2361	213	2574
1980	107	113	-	220	-
1981	110	113	2678	223	2901
1982	109	133	-	242	-
1983	137	141	2968	278	3246
1984	148	149	7186	297	7483
1985	162	159	9140	321	9461
1986	166	184	10 718	350	11 068
1987	170	208	11 103	378	11 481
1988	183	248	11 481	431	11 912
1989	185	262	11 873	447	12 320
1990	185	279	12 084	464	12 548
1991	187	289	12 455	476	12 931
1992	191	323	14 539	514	15 053
1993	196	371	15 805	567	16 372
1994	206	413	16 702	619	17 321
1995	210	427	17 532	637	18 169
1996	218	445	18 171	663	18 834
1997	222	442	18925	664	19589

1　国家统计局国民经济综合统计司. 新中国六十年统计资料汇编[M]. 北京：中国统计出版社，2010.

续表5-3

年份	地级市	县级市	镇	城市合计	城镇合计
1998	227	437	19 216	664	19 880

数据来源：国家统计局国民经济综合统计司. 新中国六十年统计资料汇编[M]. 北京：中国统计出版社，2010.

从规模体系结构来看，1980年，我国百万人口大城市数量和人口比重、50万～100万人口的中等城市数量和人口比重、30万～50万人口的小城市数量和人口比重以及30万以下小城市和小城镇的人口比重分别为：20个和23.6%、30个和11.4%、40个和8.0%，以及56.9%；到1995年，这一系列数据变更为47个和29.6%、53个和9.3%、79个和8.1%，以及50.8%[1]，详见表5-4。在此期间，各类规模城市的数量都有所增加，大城市的数量翻了一倍多，中等城市和30万～50万的小城市数量也将近翻了一倍，这表明我国这一时期城镇化建设有所发展，城镇化率有所提高。大城市的人口比重增幅较大，达11.9个百分点；中等城市和30万以下小城市和小城镇的比重有所降低，分别减少了2.1个百分点和6.1个百分点；30万～50万人口的小城市人口比重略微增加，增幅为0.1个百分点。这一系列数据表明，这一段时间我国的大城市无论在数量上还是人口比重上都占有优势。这是因为，计划经济向市场经济过渡的过程中，大城市的集聚效应逐渐显现，人口、资本和技术等向大城市流动的趋势愈发明显。但是，这并不

1 United Nations, Department of Economic and Social Affairs. Population Division (2014) [R]. World Urbanization Prospects: The 2014 Revision, CD-ROM Edition.

能得出我国这一时期形成了大城市发展模式的结论，因为，我国特有的小城镇在这一时期发展更为迅速。

表5-4　1980年—1995年我国城市体系

城市规模	数据类型	年份			
		1980	1985	1990	1995
百万以上	城市人口（万）	4504.6	5721.7	7880.7	11 347.1
	人口比重（%）	23.6	23.5	25.6	29.6
	城市数量（个）	20	25	36	47
50万～100万	城市人口（万）	2174.7	2530.4	2561.5	3666.9
	人口比重（%）	11.4	10.4	8.3	9.3
	城市数量（个）	30	35	37	53
30万～50万	城市人口（万）	1532.5	1733.4	2420.3	3106.7
	人口比重（%）	8.0	7.1	7.9	8.1
	城市数量（个）	40	45	63	79
30万以下	城市人口（万）	10 836.5	14 313.3	17 954.1	20 294.9
	人口比重（%）	56.9	58.9	58.3	53.0

数据来源：United Nations, Department of Economic and Social Affairs. Population Division (2014). World Urbanization Prospects: The 2014 Revision.

根据表5-3可知，1979年我国的建制镇数仅为2361个，到1998年，这一数据增加至19 216个，20年间增加了713.9%，年均增加843个。与此同时，我国建制镇的人口由5556万增加至36 733万，建制镇人口年均增长1558.9万，占市镇总人口的比重由30.0%增加至40.7%[1]。与大城市相比，无论是城镇数量增长率还是人口比重增长率，小城镇都占有明显优势。这一时期，我国形成了小城镇发展模式。

小城镇发展模式是乡镇企业发展壮大的结果。1979年，我国乡镇企业共148.0万个，到1998年，这一数据增至2003.9万个，乡镇企业数量翻了11倍多；乡镇企业从业人员也从1979年的2909.3万人，增加至1998年的12 536.6万人，从业人员年均增长335.9万人[2]。在乡镇企业数量不断增加、劳动力吸纳能力不断增强的情况下，其对经济的贡献也越来越重要。以乡镇企业中最重要的乡镇集体工业企业为例，1998年，全国共有70.5万个乡镇集体工业企业，共有职工3534.5万人，当年实现工业总产值3.6万亿元，工业销售产值达3.4万亿元，工业增加值0.8万亿元[3]。乡镇企业创造了大量就业机会，也吸纳了大量的劳动力，同时又积累了一定的资本，人口和资本的积累使乡镇企业所在的小城镇迅速发展，也促使我国形成了小城镇发展模式。

小城镇发展模式是乡镇企业发展的结果，也是社会经济制度影响的结果。众所周知，我国的改革始于农村，在农村家庭联产承包责任制实施以后的几年内，农村劳动生产率提高迅速，农村经济发展良好，随之而来的是农村剩余劳动力的产生。按市场规律，农村剩余劳动力将流向城市，特别是

1 国家统计局人口和社会科技司. 中国人口统计年鉴1999[M]. 北京：中国统计出版社，1999.

2 国家统计局农村社会经济调查总队. 中国农村统计年鉴1999[M]. 北京：中国统计出版社，1999.

3 国家统计局农村社会经济调查总队. 中国农村统计年鉴1999[M]. 北京：中国统计出版社，1999.

大城市。由于当时我国整体经济发展水平较为低下，无论是大城市还是其他规模城市，其主要任务都是经济发展特别是工业发展，在资本有限的情况下，资源优先配置于工业发展则必然影响基础设施的建设，在基础设施建设不足的情况下涌入大量移民的后果则是“城市病”和贫民窟问题，这些都已经得到了拉美国家的验证。为避免类似问题的发生，我国并没有完全放开人口流动管制，尤其对人口向大城市的流动管理严格，暂住证、边防证等一系列措施便是控制人口向大城市流动的手段。人口无法向大城市流动，中小城市也并不具备集聚效应，大量农村剩余劳动的去处便成了问题。在此情况下，小城镇的发展便成了最佳选择。

从空间结构来看，东部地区为城镇化的重点区域。至1998年，我国东、中、西部地区的城市分别为300个、247个以及121个，分别占城市总量的44.9%、37.0以及18.1%[1]，且各类规模城市数量都由东部向西部逐渐减少，详见表5-5：

表5-5　1998年我国三大区域城市构成

	东部地区		中部地区		西部地区		全国合计	
	数量（个）	比重（%）	数量（个）	比重（%）	数量（个）	比重（%）	数量（个）	比重（%）
大城市	18	48.6	12	32.4	7	18.9	37	100
中等城市	25	51.0	22	44.9	2	4.1	49	100
小城市	257	43.8	213	35.8	112	20.4	582	100

1　国家统计局城市社会经济调查总队. 中国城市统计年鉴1999[M]. 北京：中国统计出版社，2000.

续表5-5

	东部地区		中部地区		西部地区		全国合计	
	数量（个）	比重（%）	数量（个）	比重（%）	数量（个）	比重（%）	数量（个）	比重（%）
合计	300	44.9	247	37.0	121	18.1	668	100

数据来源：国家统计局城市社会经济调查总队. 中国城市统计年鉴1999[M]. 北京：中国统计出版社，2000.

城市布局向东部地区倾斜是我国这一时期工业化的直接反映。改革开放以来，东部沿海地区成为对外开放的门户，东部城市各方面的发展都优于其他区域。表5-6表明，无论是第一产业、第二产业、固定资产投资、外商投资、财政收入以及职工工资或者道路铺装，东部地区城市指标都远远优于中部和西部地区城市。

表5-6　1998年我国三大区域城市发展状况

区域	第一产业产值（亿元）	独立核算工业企业产品销售收入（亿元）	固定资产投资（亿元）	外商实际投资（亿美元）	地方财政预算内收入（亿元）	职工平均工资（元）	人均铺装道路面积（m²）
东部城市	12 049.9	43 493.9	8830.1	292.3	1816.7	10 105	5.6
中部城市	6643.3	10 835.5	2714.8	28.3	488.9	6930	4.0
西部城市	2339.1	5080.1	1746.2	9.2	284.0	7373	2.9
合计	21 032.3	79 409.5	25 785.3	329.8	2589.6	–	–

数据来源：国家统计局城市社会经济调查总队. 中国城市统计年鉴

1999[M]. 北京：中国统计出版社，2000.

5.1.3 20世纪90年代末以来的城镇化及其模式

5.1.3.1 城镇化发展情况

1999年至2015年，我国城镇化人口和城镇化率稳步增长。其中，城镇人口由4.4亿增至7.7亿，增加76.3%；城镇化率由34.8%增加至56.1%，增长61.3%；此外，2011年对我国城镇化具有重要意义，这一年我国城镇人口首次超过农村人口达6.9亿，城镇化率达51.3%，城镇化跨越快速城镇化阶段，步入城市化的中期[1]。详见图5-8：

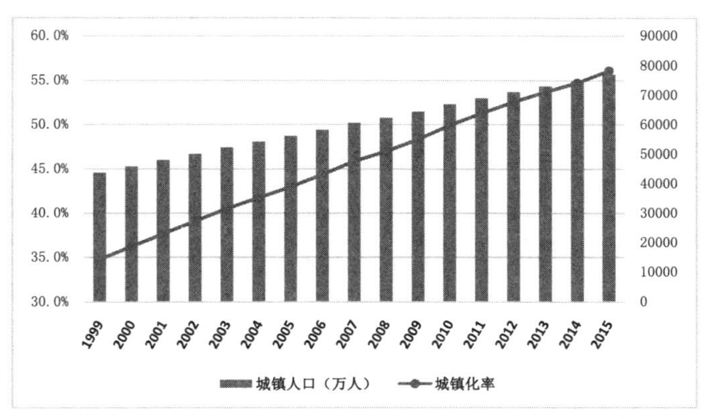

图5-8 1999年—2015年我国城镇人口及城镇化率

1 国家统计局. 数据查询[OL]. http://data.stats.gov.cn/.

数据来源：国家统计局，数据查询[OL]. http://data.stats.gov.cn/.

这一时期我国的城镇化发展变化与我国的工业化发展变化趋势基本一致。1999年至2015年，我国国内生产总值由9.1万亿元增长至68.9万亿元，人均国内生产总值由7229元增至50 251元，国内生产总值总量增加5倍多，人均国内生产总值增加近5倍[1]。与此同时，三大产业的构成也稳步变化：第一产业增加值持续下降，由16.1%降至8.8%；第二产业增加值的比重先略微上涨后持续下降，整体呈下降趋势，由45.4%下降至40.9%；第三产业增加值略微下降之后又持续上升，整体呈上升趋势，由38.6%上升至50.2%[2]。1999—2015年我国国内生产总值及其构成详见图5-9。三大产业结构的变化反映了产业演化规律，也揭示了我国城镇人口不断增加、城镇化率不断提升的内在原因。从第一产业释放出来的农村剩余劳动力依然是第二产业、第三产业劳动力的主要来源，也是城镇人口增加的主要来源，农村人口城市化也依然是这一时期我国城镇化率不断提高的直接原因。与此同时，第三产业的就业人口持续增加，第二产业的人口整体上先增加后减少。由于第三产业对人口的吸纳能力较第二产业更具优势，当第三产业增加值接近或超过第二产业增加值时，城镇人口将持续增加，城镇化率将持续提高。根据产业演化规律，这一趋势一般要持续到三大产业结构稳定为止。

1　国家统计局. 数据查询[OL]. http://data.stats.gov.cn/.

2　国家统计局. 数据查询[OL]. http://data.stats.gov.cn/.

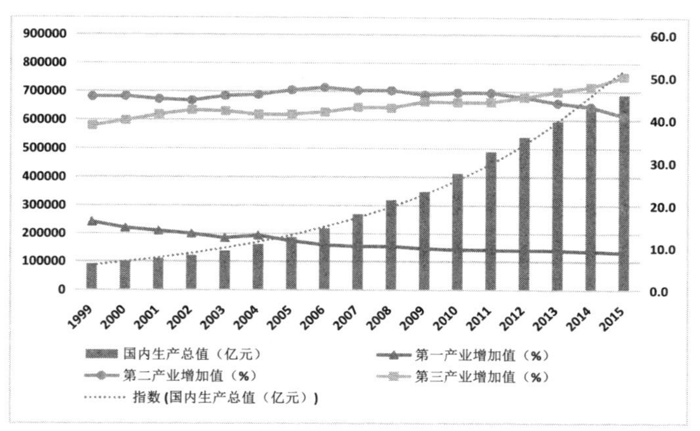

图5-9 1999年—2015年我国国内生产总值及其构成

数据来源：国家统计局. 数据查询[OL]. http://data.stats.gov.cn/.

这一时期的城镇化是自上而下和自下而上相结合的城镇化。首先，市场经济的发展使人口流向经济发达地区，东部地区经济发达、人口众多，城镇化发展也更具优势，部分地区经济发展已达发达国家水平，其城镇化也达发达国家水平；而西部地区相对落后，人口不断向东部发达地区流动，其城镇化进程也相对较慢。在人口自发流向经济发达地区的同时，国家对人口流动的管制也进一步放宽，除个别大城市外，几乎所有城市的人口管制政策或措施在事实上已经废除。如果说经济发展为自下而上的城镇化创造了条件的话，人口管制政策的废除则是自上而下为城镇化发展扫清了障碍。但是，由于我国整体上仍为发展中国家，其资本积累并不足以在满足经济建设发展的同时为各地城镇化的发展提供完善的基础设施和公共服务。为了在推动城镇发展的同时又不至于让“城市病”恶化到影响城镇特别是大城市的发展，户籍制度就成为这些年来管控我国人口流动的最后措施。户籍制度下，我国人口虽然具有迁徙自由，但是户籍限制了其所能享受的公共服务的范围及地区。一方面，以北京、上海为代表的特大城市需要持续吸纳人口；另一方面，这些大城市并不能为每一个人提供全面完善的公共服务，因此以农民工为代表的非户籍常住人口应运而生，也成为这一阶段我国城镇化最显著的特点。这种常住人口城镇化率远远高于户籍人口城镇化率的情况，也被称之为“半城镇化”。因此，自下而上与自上而下的城镇化相结合是我国近年来城镇化快速发展的主要原因，也是我国城镇化不彻底、半城镇化现象突出的直接原因。

5.1.3.2 城镇化模式特点

我国在这一时期的城镇化基本形成了大城市发展模式。

首先，从行政体系来看，1999年至2015年间，地级市数量持续增加，由236个增至291个；县级市数量持续减少，由427个减少至361个；建制镇数量先略增后略减，整体上略有增加，由19 756个增至20 515个；城市总量由663个减少为652个，城镇总量则由20 419个增至21 167个[1]。如表5-7所示的行政体系中城镇数量变化表明，我国城镇化率持续增长，不但城镇人口持续增加，城镇数量也在持续增加。其次，我国城市规模持续增大，因为地级市不但在行政级别上高于县级市，其设置要求也决定了地级市的人口规模大于县级市，地级市的增加与县级市的减少就是我国城镇规模持续增大的最

1 国家统计局. 数据查询[OL]. http://data.stats.gov.cn/.

好证明。建制镇的数量变化也反映了这一时期城镇化模式的变化特点。20世纪末开始，大城市的优势以及小城镇发展模式导致的问题使相关学者和政策制定者越来越意识到大城市发展模式更适合我国这一阶段的实际情况，故而政策开始偏向大城市发展模式。但是，由于政策的实施具有时滞效应，因此，在这一时期，小城镇的数量和人口先增加再减少。

表5-7　1999年—2015年我国行政区划下的城镇体系（单位：个）

年份	地级市	县级市	镇	城市合计	城镇合计
1999	236	427	19 756	663	20 419
2000	259	400	20 312	659	20 971
2001	265	393	20 374	658	21 032
2002	275	381	20 601	656	21 257
2003	282	374	20 226	656	20 882
2004	283	374	19 883	657	20 540
2005	283	374	19 522	657	20 179
2006	283	369	19 369	652	20 021
2007	283	368	19 249	651	19 900
2008	283	368	19 234	651	19 885
2009	283	367	19 322	650	19 972
2010	283	370	19 410	653	20 063
2011	284	369	19 683	653	20 336
2012	285	368	19 881	653	20 534
2013	286	368	20 117	654	20 771
2014	288	361	20 401	649	21 050
2015	291	361	20 515	652	21 167

数据来源：国家统计局. 数据查询[OL]. http://data.stats.gov.cn/。

城市体系的变化也印证了上述结论。根据联合国统计数据，2000年，我国百万以上人口大城市一共有65个，占全部城镇人口的37.7%；50万～100万的中等城市为81个，人口为全部城镇人口的11.8%；30万～50万人口的小城市为118个，人口占全部城镇人口的9.7%。至2015年，全国百万以上人口大城市增至105个，人口比重增至43.2%；50万～100万中等城市为155个，人口比重增至13.5%；30万～50万小城市增至147个，人口比重降至7.3%；30万以下人口城市的人口比重降至36%[1]。详见表5-8：

表5-8　2000年—2015年我国城镇体系

城市规模	数据类型	年份			
		2000	2005	2010	2015
百万以上	城市人口（万人）	17 299.3	21 500.8	26 955.4	33 696.6
	人口比重（%）	37.7	38.4	40.3	43.2
	城市数量（个）	65	72	85	105
50万～100万	城市人口（万人）	5442.6	6757.3	8274.5	10 505.1
	人口比重（%）	11.8	12.1	12.4	13.5
	城市数量（个）	81	97	119	155
30万～50万	城市人口（万人）	4460.9	5870.4	6246.7	5700.7
	人口比重（%）	9.7	10.5	9.3	7.3
	城市数量（个）	118	153	158	147

1　United Nations, Department of Economic and Social Affairs. Population Division (2014) [R]. World Urbanization Prospects: The 2014 Revision, CD-ROM Edition.

续表5-8

城市规模	数据类型	年份			
		2000	2005	2010	2015
30万以下	城市人口（万人）	18 735.5	21 923.3	25 462.1	28 045.4
	人口比重（%）	40.8	39.1	38.0	36.0

数据来源：United Nations, Department of Economic and Social Affairs. Population Division (2014). World Urbanization Prospects: The 2014 Revision.

大城市发展模式是市场经济驱动的结果。首先，大城市集聚效应明显，在人口、资本和技术流动不受限制的情况下，大城市经济发展迅速，人口不断集聚。以2015年地级及以上城市为例，我国百万以上人口大城市达147个，占城市总量的50.9%；人口总量达35 898.1万，占总城市人口的80.4%；地区生产总值达374 197.5亿元，占城市地区生产总值的88.4%。详见表5-9[1]。由此可知，百万以上人口大城市不但在经济总量上占绝对优势，在人口方面也占绝对优势，我国形成了大城市发展模式。

1　国家统计局城市社会经济调查司. 中国城市统计年鉴2016[M]. 北京：中国统计出版社，2016.

表5-9　2015年地级及以上城市市辖区人口及地区生产总值[1]

城市规模	市辖区户籍人口（万人）	占地级及以上城市户籍人口比重（%）	城市数量（个）	市辖区地区生产总值（亿元）	占地级及以上城市地区生产总值比重（%）
1000万及以上	5876.9	13.2	4	77 597.4	18.1
500万～1000万	5497.3	12.3	9	70 900.9	16.6
100万～500万	24 523.9	54.9	134	225 699.2	52.7
50万～100万	6886.7	15.4	92	41 311.7	9.6
50万以下	1853.8	4.2	50	12 849.6	3.0

数据来源：国家统计局城市社会经济调查司. 中国城市统计年鉴2016[M]. 北京：中国统计出版社，2016.

此外，大城市发展模式也是我国政策变化的结果。2001年通过的《国民经济和社会发展第十个五年计划纲要》要求“推进城镇化要遵循客观规律，与经济发展水平和市场发育程度相适应，循序渐进，走符合我国国情、大中小城市和小城镇协调发展的多样化城镇化道路，逐步形成合理的城镇体系。有重点地发展小城镇，积极发展中小城市，完善区域性中心城市功能，发挥大城市的辐射带动作用，引导城镇密集区有序发展”。2005年通过的《中共中央关于制定国民经济和社会发展第十一个五年规划的建议》则指出，推进城镇化健康发展必须“坚持大中小城市和小城镇协调发展，

1　海南省三沙市和儋州市因数据缺乏，故未纳入计算。下同。

提高城镇综合承载能力，按照循序渐进、节约土地、集约发展、合理布局的原则，积极稳妥地推进城镇化”；还必须在“有条件的区域，以特大城市和大城市为龙头，通过统筹规划，形成若干用地少、就业多、要素集聚能力强、人口分布合理的新城市群”。至此，大城市在这一时期得到极大发展，大城市发展模式基本形成。在《国家新型城镇化规划（2014—2020）》[1]中，城镇化发展战略方针又有了新的变化，要求“紧紧围绕全面提高城镇化质量，加快转变城镇化发展方式，以人的城镇化为核心，有序推进农业转移人口市民化”；并强调应“以城市群为主体形态，推动大中小城市和小城镇协调发展”。新的战略与方针是针对目前我国城镇化过程中出现的问题而提出的，表明了我国未来城镇化的发展方向，也意味着在政策引导下的城镇化发展模式将有所变化。

此外，从空间结构来看，东、中、西三大区域内各类规模城市的绝对数量都在增加。但是，东部地区的城镇仍然是城镇化发展最完善的区域，无论是城市数量、城市规模还是人口数量，均远远领先于中、西部地区。东部地区大中城市数量多、人口多，小城市数量较小，人口比重更小；中部地区大中小城市人口呈3：2：1的结构；西部地区大中小城市的数量大体呈等比递增的趋势，人口大体呈加速递减的趋势。详见表5-10。纵向来看，虽然中西部地区城市的绝对数量与相对比重都在增加，但大城市的比例差距越来越大，东部地

1　国家发展与改革委员会. 国家新型城镇化规划（2014—2020年）[OL]. http://www.ndrc.gov.cn/fzgggz/fzgh/ghwb/gjjh/201404/t20140411_606659.html.

区大城市的比重由48.6%增至56.8%；同时，中、西部地区的大城市比重差距也在增大，由13.5%增至16.9%；此外，东、中部地区中等城市比重有所减少，西部地区中等城市比重有所增加，中、西部地区小城市比重有所增加，东部地区小城市比重明显减少[1]。由此可见，我国这一时期的城镇化有了全面的发展，但是东部地区仍是城镇化的主导以及城镇化模式的主要推进区域；中、西部地区城市人口占比少，大城市数量和人口较少，是未来城镇化的重点区域，也是未来城市化模式改变的重点区域。

表5-10　2015年我国三大区域县级及以上城市构成

区域	数据类型	大城市	中等城市	小城市	合计
东部地区	城市数量（个）	121	114	34	269
	城市数量比重（%）	18.7	17.6	5.3	41.6
	城市人口（万人）	26 612.1	8160.3	1192.5	35 964.8
	城市人口比重（%）	38.8	11.9	1.7	52.4
中部地区	城市数量（个）	64	96	85	245
	城市数量比重（%）	9.9	14.8	13.1	37.9
	城市人口（万人）	10 814.8	7060.5	2775.8	20 651.1
	城市人口比重（%）	15.8	10.3	4.0	30.1
西部地区	城市数量（个）	28	41	64	133
	城市数量比重（%）	4.3	6.3	9.9	20.6
	城市人口（万人）	7323.27	2826.7	1890.7	12 688.6
	城市人口比重（%）	10.7	4.1	2.8	17.5

1　国家统计局城市社会经济调查司. 中国城市统计年鉴2016[M]. 北京：中国统计出版社，2016.

续表5-10

区域	数据类型	大城市	中等城市	小城市	合计
全国合计	城市数量（个）	213	251	183	647
	城市数量比重（%）	32.9	38.8	28.3	100
	城市人口（万人）	44 750.1	18 047.5	5858.97	68 656.5
	城市人口比重（%）	65.2	26.3	8.5	100

数据来源：国家统计局城市社会经济调查司. 中国城市统计年鉴2016[M]. 北京：中国统计出版社，2016.

最后，我国在这一时期的城镇化发展过程中形成了一批城市群，并呈现出城市群发展模式的倾向。以长三角城市群、珠三角城市群、京津冀城市群以及成渝城市群等为代表的城市群已经形成，其中长三角城市群还是世界级城市群；长江中游城市群、辽东半岛城市群、闽南城市群等一系列城市群也正在培育当中，城市群发展模式已现雏形。根据发达国家以及城镇化率较高国家的经验，以经济发展为动力、以政策为导向，我国未来将形成城市群发展模式。

5.2 我国城镇化模式的问题

根据上文分析可知，我国现已形成大城市发展模式，且有向城市群发展模式转变的倾向。然而，在城镇化模式形成及转变的过程中，也出现了一系列问题，只有解决了这些问题，城镇化模式的转变才能更有利于城镇化的发展以及社会经济的发展。

5.2.1 城镇结构不协调

大城市发展模式下各类规模城市的数量和经济发展不均衡、小城镇发展不均衡、区域之间城市数量和规模不均衡以及经济发展不均衡是目前我国城镇结构不合理的主要表现，也是目前大城市发展模式下我们面临的主要问题。

首先，城镇体系下的城市数量结构不合理。根据上文分析可知，2015年，我国共有647个城市，其中，大、中、小城市的比例分别为32.9%、38.8%以及28.3%，接近于3：4：3，三种类型的城市数量大体相当、比例相差不远，在数量结构上较为均衡。均衡的城市数量结构将引致一系列问题。（1）在城市基数较大的情况下，均衡的城市结构意味着大城市对中小城市的辐射带动作用不明显、中小城市的发展缓慢。在大城市本身具有自我扩张冲动和各地追求政绩的冲动下，大城市的人口规模进一步扩大，土地规模进一步扩大，城市投资进一步增大，再加之资源本身的有限性，大城市与其他规模城市之间的差距进一步扩大。以2015年为例，百万以上人口城市的行政区以30.0%的土地面积获得了69.0%的固定资产投资并贡献了74.8%的地区生产总值；小城市占地面积大，单位面积土地产出不高，其土地占比为44.2%，土地占比比大城市多了近50%，但是，其所获得的固定资产投资仅为9.0%，是大城市的13%，其地区生产总值则更少，仅为城市地区生产总值的6.6%，仅是大城市的8.8%；中等规模城市单位土地面积所获得的固定资产投资以及地区生产总值情况相对小城市稍好，但是仍然远远落后于大城市[1]。详见表5-11。

（2）大城市发展过快、过多导致“大城市病”比较突出。由于大城市扩张过快，城市建设中的硬件建设快于软件建设，硬件建设中的可视硬件建设快于隐藏硬件建设，导致大城市的“城市病”日趋严重，医疗、教育、交通等公共配套供给满足不了需求。在大城市数量小、经济比重不大的情况下，“大城市病”仅仅是大城市本身的问题。但是，目前我国大城市数量占所有城市数量的1/3，其地区生产总值更是占城市地区生产总值的七成以上，在这种情况下，“大城市病”就不仅仅是大城市本身需要解决的问题，而是城镇化进程中的突出问题，是事关全局的大问题。

表5-11　2015年各类城市发展状况[2]

城市规模	行政区面积		行政区固定资产投资		行政区地区生产总值	
	总和（平方千米）	比重（%）	总额（亿元）	比重（%）	总额（亿元）	比重（%）
百万以上	602 861	30.0	255 612.8	69.0	416 623.4	74.8
50万～100万	513 940	25.8	81 451.7	22.0	103 656.0	18.6
50万以下	889 771	44.2	33 293.8	9.0	36 783.7	6.6
合计	2 011 016	100	370 358.3	100	557 063.1	100

数据来源：国家统计局城市社会经济调查司．中国城市统计年鉴2016[M]．北京：中国统计出版社，2016.

1　国家统计局城市社会经济调查司．中国城市统计年鉴2016[M]．北京：中国统计出版社，2016.

2　未包括上海市和拉萨市的行政区面积、宝鸡市固定资产投资总值。

其次，城镇体系下的小城镇无序发展。小城镇的建设与发展历来是我国农村城镇化的主要途径，为我国农村剩余劳动力转移以及农村工业化做出了重要贡献。虽然，20世纪末以来我国调整了小城镇发展战略，由“小城镇、大战略”转变为有重点地发展小城镇，小城镇的数量增长也不多，由1999年的19 756个增加至2015年的20 515个，仅增长3.8%。但是，小城镇在发展过程中仍然存在诸多问题。（1）小城镇规模偏小，缺乏城镇规模效应。据统计，2015年我国建制镇总人口为16 007.4万，平均人口仅为7800，远远达不到出现规模效益和集聚效益的最低人口规模3万的要求[1]。（2）小城镇发展的现有产业动力缺乏后劲，新的产业动力尚未形成。产业发展是小城镇发展的基础动力，也是改革开放以来我国小城镇迅速发展的根本原因。过去近40年来我国小城镇的发展应归功于以劳动力密集型为主的乡镇企业的发展，但是，近些年来由于我国经济结构转型、经济增速放缓，劳动力密集型的产业发展面临东南亚各国的严峻挑战，以此为依托的乡镇企业的发展也举步维艰。在原有乡镇企业发展面临困难的情况下，新的产业动力并未形成，小城镇的发展陷入现有产业动力不足、新的产业动力尚未形成的尴尬局面。（3）小城镇扩张无序，土地浪费严重。由于我国小城镇大都是自发发展的结果，在发展过程中并未得到科学规划和指导，呈现出无序蔓延的趋势，导致其与城市规划不相符合。再由于级差地租的存在，导致小城镇在发展过程中更趋向于摊大饼式的向

1　住房和城乡建设部. 2015年城乡建设统计公报[OL]. http://www.mohurd.gov.cn/xytj/tjzljsxytjgb/tjxxtjgb/201607/t20160713_228085.html.

外扩张，并不注重原有城镇的改造与更新，土地浪费严重。2015年，我国建制镇的人均土地面积为204.1平方米，而城市的人均土地面积则为113.3平方米，建制镇的人均土地占有量几乎为城市的一倍[1]。（4）小城镇基础设施不完善，城镇功能较弱。由于小城镇的规模较小，许多指标达不到基础设施的建设门槛，导致小城镇的基础设施要么闲置浪费，要么建设投入不足，城镇功能较弱；再加上我国近些年来加大了交通基础设施的投入，使小城镇与城市、农村与城市的联系更加紧密，原本可以由小城镇提供的基础设施与公共服务由邻近的城市所代替，小城镇发挥城镇功能的空间进一步被城市挤占，小城镇的城镇功能进一步弱化。（5）小城镇的地方特色不足，缺乏良好的区域互动。从城镇建设的角度来看，小城镇的城市建设缺乏特色，房屋大都沿交通干道或交通要道修建，楼层一致，颜色统一，缺乏风格，更未注意与当地特色相融合。从产业发展角度来看，各个小城镇各自为政，相互之间缺乏协调与合作，在产业定位与发展方面都只考虑自身与城市的连接，从而导致相邻城镇道路重复建设、产业重复发展、竞争大于合作，造成资源浪费与发展受限。（6）小城镇的发展区域差异大，各地尚未形成因地制宜的发展战略。东、中、西部地区的发展不均衡也表现在小城镇的发展差异方面。以地区生产总值、城乡居民人均可支配收入以及公共财政收入为衡量指标的2016年全国“千强镇”中，东、中、西部地区的“千强镇”数量分别为772个、171个以及57

1 住房和城乡建设部. 2015年城乡建设统计公报[OL]. http://www.mohurd.gov.cn/xytj/tjzljsxytjgb/tjxxtjgb/201607/t20160713_228085.html.

个，比例分别为77.2%、17.1%和5.7%。东部地区“千强镇”所占比例远远高于中西部地区，中部地区也比西部地区多两倍。其中，“百强镇”的不均衡趋势更加严重，东部地区占了97个，中部地区仅占2个，西部地区仅占1席。并且从“百强镇”的排名来看，前60位都位于东部地区[1]。

第三，城市布局不均衡。城市布局是城镇化发展健康与否的重要指标，非均衡的城镇布局不但显示出区域城镇化发展的不均衡，也是区域经济发展不均衡的表现。我国在形成大城市发展模式的同时城市差异也进一步扩大，具体表现如下：（1）城市数量和城市人口分布不均衡。根据前文分析可知，我国东、中、西部地区的城市数量分布不均衡，三大区域城市数量结构分别为50.4%、29.1%和20.6%；城市人口分布也不均衡，三大区域城市人口比重分别为58.3%、24.1%和17.5%。城市数量和人口是城镇化发展的重要指标，也是经济发展程度的重要指标，三大区域的城市数量和城市人口之间的差距也是三大区域城市经济发展差距的具体表现。（2）不同规模之间的城市经济发展不均衡。根据上文分析可知，百万以上人口大城市在固定资产投资以及地区生产总值方面远远领先于中等城市及小城市。事实上，大城市在人均固定资产投资和人均地区生产总值以及地均固定资产投资和地均地区生产总值方面与中小城市的差距也很明显，但是中小城市之间的表现各不相同。其中，大城市在每一个指标方面都优于中小城市；中等规模城市的地均固定资产投资以及地均

1　中国中小城市网．2016年度中国建制镇综合实力前1000强（全国科学发展千强镇）[OL]. http://www.csmcity.com/luntan/bbs2016/2015-6.html.

地区生产总值明显优于小城市，但是其人均固定资产投资与人均地区生产总值却不如小城市。详见表5-12。这说明，大城市的效率较中小城市更高，但是，中等城市的人均效率不如小城市，单位面积产出远远不如中等城市。（3）区域之间不同规模的城市发展差距较大。其中，东部地区大城市无论城市数量、人口、人均生产总值还是地均生产总值都优于中小城市。中部地区中等城市数量最多，其次为小城市、大城市，但是大城市的人口、人均生产总值以及地均生产总值明显优于中小城市；中等城市除了在数量上领先其他规模城市以外，其城市总人口以及地均生产总值优于小城市；小城市则在人均生产总值方面的表现优于中等城市。西部地区的大城市人口总规模和地均生产总值优于中小城市，中等城市的人口规模与地均生产总值优于小城市，小城市的城市数量最多、人均生产总值最大。再进一步对东、中、西部三个区域内不同指标的差异进行对比可知，东部地区的城市数量结构呈大中小分布，中部地区呈中小大分布，西部地区则呈小中大分布。东部地区大中小城市的人口规模差距较大，中部地区中小城市的人口规模差距大于大中城市之间的差距，西部地区大中城市之间的人口规模差距大于中小城市之间的差距。但是，总体上东部地区的三大城市之间的人口规模差距远远大于中、西部地区。虽然东、中部地区的大城市人均生产总值大于小城市和中等城市，但是东部地区大城市的人均生产总值与小城市差距较大，小城市与中等城市之间的差距相对较小；而中部地区小城市与大城市的差距较小，与中等城市的差距较大。西部地区的小城市人均生产总值大于大中城市，但是大城市与小城市的差距不大，与中等城市的差距相对较大。在三大区域的地均生产总值方面，大城市表现优于中等城市更优于小城市。不过东部地区大城市与中小城市的差距较大，中小城市的差距较小，中部地区大中城市和中小城市之间的差距相当，西部地区大中城市之间的差距较小，中小城市之间的差距较大。详见表5-13。三大区域不同规模城市之间的差距表明，东部地区大城市发展迅速，大城市对中小城市的发展起到了一定的带动作用，小城市虽然数量和人口较少，但是其效率也较高，与中等城市的差距不大；中部地区中等城市的发展相对较好，与大城市的差距相对较小，但是小城市发展相对落后；西部地区的大城市发展较为落后，相对对中小城市优势不明显，部分指标甚至还不如中小城市。

表5-12　2015年各规模城市人均和地均固定资产投资及地区生产总值

（单位：万元）

城市规模	人均固定资产投资	人均地区生产总值	地均固定资产投资	地均地区生产总值
100万人以上	57 120.1	93 100.0	4240.0	6910.8
50万人～100万人	45 131.9	57 435.2	1571.3	2000.0
50万人以下	56 825.4	62 781.9	374.2	413.4

数据来源：国家统计局城市社会经济调查司．中国城市统计年鉴2016[M]．北京：中国统计出版社，2016.

表5-13　2015年各区域不同规模城市及其地区生产总值

区域	规模（万人）	数量（个）	人口（万人）	人均生产总值（元/人）	地均生产总值（元/平方公里）
东部地区	100＋	121	26 612.1	109 923.7	9152.2
	50～100	114	8160.3	70 465.9	2876.5
	50－	34	1192.5	73 129.7	1790.3
合计	--	269	35 964.9	99 750.9	6313.4
中部地区	100＋	64	10 814.8	71 719.4	4706.2
	50～100	96	7060.5	47 283.6	1566.9
	50－	85	2775.8	60 017.8	495.8
合计	－	245	20 651.1	61 792.0	1787.5
西部地区	100＋	28	7323.3	63 538.8	3929.2
	50～100	41	2826.7	45 174.1	1211.2
	50－	64	1890.7	60 313.5	225.8
合计	－	133	12 040.6	58 721.0	970.0
全国合计	－	647	68 656.5	81 137.7	2770.1

数据来源：国家统计局城市社会经济调查司. 中国城市统计年鉴2016[M]. 北京：中国统计出版社，2016.

5.2.2 城乡发展不平衡

大城市发展模式下资源向以大城市为中心的城市集聚，这一模式虽然取得了较为明显的成就，但是挤出效应使得农村的发展相对落后，具体表现为城乡经济发展差距过大、城乡基础设施与公共服务差距过大以及城乡文化不平等。

首先，城乡经济发展差距过大，主要表现为城乡投资差距过大、城乡居民收入差距过大、城乡消费差距过大等。（1）城乡投资差距过大。近20年来，城乡固定资产投资差距越来越大，城乡固定资产投资比由1996年的6.9上升至2015年的53.0，20年间翻了6.7倍；与此同时，第二及第三产业增加值与第一产业增加值比仅由5.2增加至10.4，仅翻了一番。见图5-10[1]。农村及农业所获得的投资份额远远低于其对国民经济做出的贡献，城乡投资差距过大。（2）城乡居民收入差距过大。1996—2012年间，我国城乡居民人均可支配收入差距在不断增大，城乡居民人均可支配收入比由2.5倍增加至3.1倍。虽然自2013年以来，由于统计口径的改变，这一差距有所缩小，但仍有1.9倍的差距。见图5-11[2]。城乡居民收入差距过大，一方面是城乡投资差距过大的结果，另一方面也是城乡消费能力差距过大的原因。（3）城乡居民消费能力差距过大。1996年，我国城乡居民消费支出比为2.5，此后至2010年这一比值持续升高至3.1，虽在2011年和2012年间有所下降，但仍然维持在2.8～2.9的水平；2013年以后，由于统计口径的改变这一差距有所缩小，但仍保持在2.3倍以上[3]。城乡消费差距过大是城乡收入差距过大的直接反映，同时也意味着相比城市市场，农村市场发育不足，农村市场潜力巨大。

1　国家统计局. 数据查询[OL]. http://data.stats.gov.cn/.

2　国家统计局. 数据查询[OL]. http://data.stats.gov.cn/.

3　国家统计局. 数据查询[OL]. http://data.stats.gov.cn/.

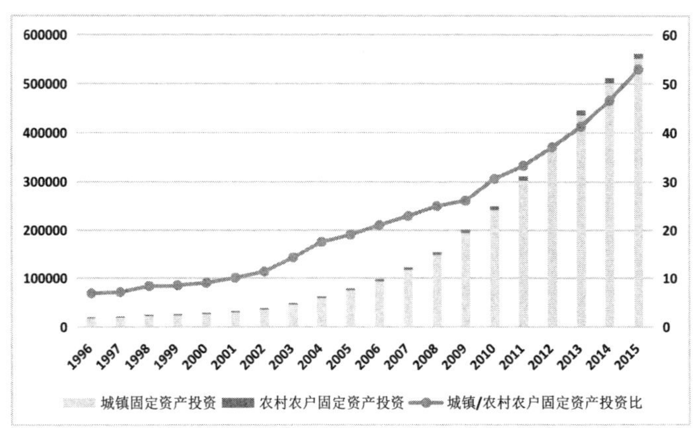

图5-10 1996年—2015年城乡固定资产投资

数据来源：国家统计局.数据查询[OL]. http://data.stats.gov.cn/.

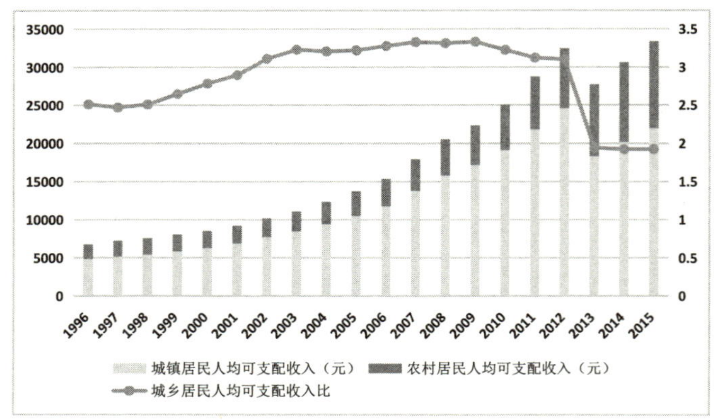

图5-11 1996年—2015年城乡居民人均可支配收入[1]

数据来源：国家统计局. 数据查询[OL]. http://data.stats.gov.cn/.

1 1996—2012年城乡居民收支数据来源于独立开展的城镇住户抽样调查和农村住户抽样调查；2013年起，国家统计局开展了城乡一体化住户收支与生活状况调查，2013年及以后数据来源于此项调查，与2013年前的分城镇和农村住户调查的调查范围、调查方法、指标口径有所不同；另外，2013年前的统计指标为城镇居民家庭人均可支配收入、农村居民家庭人均纯收入以及二者的比值。

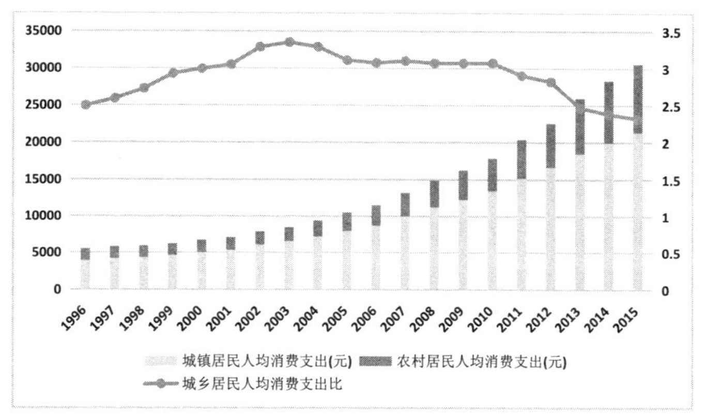

图5-12 1996年—2015年城乡居民人均消费支出[1]

数据来源：国家统计局. 数据查询[OL]. http://data.stats.gov.cn/.

其次，大城市发展模式下的城乡发展不平衡表现为城乡基础设施与公共服务差距过大。城市人口分布集中、农村人口分布分散的特点，使城市单位面积下的基础设施与公共服务投资运行效率与效益比农村更高，因而城市的基础设施与公共服务发展优先于农村，城乡基础设施与公共服务之间出现差距。但是，在大城市发展模式下，这一差距非但没有缩小，反而进一步增大。因为，在大城市发展模式下，为持续吸引资本、人才和技术，并不断鼓励创新，大城市必须采取一系列措施进一步巩固优势，提高竞争力。而良好的基础设施与公共服务是吸引人才和资本的重要硬件条件和软件条

1 2013年以前的统计指标为城镇居民家庭人均现金消费支出、农村居民家庭平均每人消费支出以及二者的比值。

件，因此，大城市必须投入更多的资金以提高其基础设施和公共服务的总量水平，再加上大城市本身人口众多，需要大量的资金提高其基础设施与公共服务的人均水平。在资源总量有限的情况下，大城市对基础设施与公共服务水平的投入越多，其他规模城镇与农村的投入则越少，二者的差距越来越大。最后，由于长期以来农村人口逐渐减少、自然村落衰落凋敝的趋势以及向城镇倾斜的政策导向，我国各地在农村基础设施建设与公共服务发展的投入上缺乏经济动力与政治动力，农村的基础设施与公共服务投入较少，城乡差距进一步拉大。由表5-14中几项典型指标可知，我国城乡基础设施与公共服务差距甚大。

表5-14　2015年全国城乡基础设施与公共服务情况

数据类型	城镇	农村	城市/农村
市政公用设施投入（亿元）	19 303.2	2053	9.4
基本养老保险基金支出（亿元）	25 812.7	587.7	43.9
每万人拥有卫生技术人员（人）	102	39	2.6
宽带接入用户（万户）	19 547.2	6398.4	3.1

数据来源：住房和城乡建设部. 2015年城乡建设统计年鉴[OL]；国家统计局. 数据查询[OL]. http://data.stats.gov.cn/.

最后，城乡发展不平衡表现为城乡文化不平等。在我国步入工业化中期以来，城市文化代表工业文明，是现代的、中心的文化，也是强势文化；农村文化代表农耕文明，是传统的、边缘的文化，也是弱势文化。在两种文化的交流与碰撞过程中，处于强势的城市文化总是自觉或不自觉地同化处于弱势的农村文化，并不断扩张其文化覆盖范围和人群；而处于弱势的农村文化则不停模仿与照搬城市文化，逐渐丧失独立性，要么被城市文化所同化，要么成为城市文化的附庸，其覆盖范围与人群也越来越小。其具体表现为：（1）农村居民点模仿城市建设。农村居民放弃传统分散居住方式，模仿城市将居住点布局于集中居民点，一改农村开门即田、前庭后院山水围绕的居住状态，反而如城镇一般，门口就是集镇，抬头可见各色广告。其次，农村建筑丧失独特性。无论是北方，还是南方，农村建筑基本都摒弃了地方特色而钟情于瓷砖墙面、铝合金窗户，千篇一律模仿县城楼房造型，让人分不清楚哪里是城镇、哪里是农村集镇，也分不清到底是在东部沿海，还是在西部内陆。（2）农村儿童教育模仿城市。农村儿童教育摒弃了农耕文明中的田野教育、于劳作中进行亲子互动、传授知识的育儿方式，一味向城市靠拢。现在的农村儿童鲜有机会亲临田野感受作物耕种的方式与方法，反而花费大量时间在课堂，接受现代音乐、美术等启蒙；更有甚者将孩童安置于城镇内接受工业文明教育，从小培养其在城镇生存的能力与技巧，并不为其提供在农村生存的培训与锻炼机会。（3）农村社交被城市社交所影响。农村传统的乡村自治文化被瓦解，乡村邻里之间的关系由亲密型向陌生型转变。传统乡绅不复存在，农村不再有主持公道、化解冲突的权威个人，邻里之间的冲突或靠个人协商解决，或诉诸村委会或者法律。此外，人与人之间的关系也由过去的亲密型变为陌生型。农村邻里之间的相互了解程度与互动频率大不如前，甚至如城市一样多日不见也属常见。（4）进城务工农民被城市文化同化。在城市强大的经济基础背景下，农民进入城市以后其传统的生活方式和思维方式因为羡慕喜欢甚至臣服于城市文化被其主动改变，或因农村文化与城市文化冲突被其被动改变。这些被城市文化改变的人群，有一部分留在城市成为城市居民，扩大了城市文化的人口覆盖范围；有一部分人则回到农村，并将城市文化带回农村，进而影响农村文化，使城市文化的地域覆盖范围进一步扩大。

5.2.3 人与自然关系不协调

大城市发展模式的优势在于促进经济快速发展，其对资源环境的保护关注不够，从而导致人与自然关系不协调问题较为突出。具体表现为“大城市病”、自然资源供应不足、环境污染严重等。

首先，大城市发展模式不但使“大城市病”成为突出的人居关系问题，“大城市病”更成为人与自然关系不协调的重要问题。“大城市病”的主要表现为人口膨胀、交通拥堵、医疗教育资源紧张、空气污染严重等。（1）人口过度膨胀。由于集聚效应，人口向大城市集中，大城市因为在短期内集聚过多人口，致使其基础设施与公共服务无法满足现有人口的需求。以北京市为例，1999年，其常住人口为1257.2万，至2015年，这一数据增至2170.5万，20年间人口增长了72.6%，年均增长人口45.7万，相当于每年增长一个近中等城市规模的城市人口，这还是在北京严格实施户籍制度和人口流动管制制度的情况下[1]。（2）交通拥堵。由于人口过度膨胀，私家车普及，公共交通的建设速度跟不上人口增长的速度，大城市的交通拥挤程度进一步增加。根据《2015年度中国主要城市交通分析报告》，我国大城市交通特别是高峰时期的交通十分拥挤，其中北京是我国最拥堵的城市，其城市高峰拥堵延时指数（拥堵延时指数=交通拥堵通过的旅行时间/自由流通过的旅行时间）为2.06，平均车速仅为22.6公里/小时；杭州则是堵车时间最长的城市，全年拥堵或严重拥堵的时间累积大于1600个小时，平均每天超过4个小时[2]。（3）医疗教育资源紧张。虽然大城市为我国主要医疗资源集中地，但是大城市的医疗资源特别是优质医疗资源依然缺乏，就医难成为普遍共识。以成都市为例，华西医院、华西附二院等知名医院挂号难，几乎所有的医生号在开放预约第一天（看病前14天）都已挂完，产科知名教授的预约号更是一号难求。与医疗资源一样，大城市教育资源特别是优质教育资源同样匮乏。为获得更好的教育资源，有公立学校入学资格的学区房被学生家庭争相抢购，学区房价格居高不下，成为整个城市房价最贵的区域；而没有公立学校入学资格的家庭，其选择余地则更小。据统计，北京市2015年的民办小学仅60所，毕业人数为10 306，民办初中为25所，毕业人数为8120，相对于822.6万常住外来人口而言，民办学校及培养

1 北京市统计局，国家统计局北京调查总队. 统计数据[OL]. http://www.bjstats.gov.cn/tjsj/cysj/201511/t20151109_311727.html.

2 高德地图. 2015年度中国主要城市交通分析报告[OL]. http://download-report.cn-hangzhou.oss-pub.aliyun-inc.com/download/2015年度中国主要城市交通分析报告-final.pdf.

的人才几乎可以忽略不计[1]。所以，无论是公立学校还是民办学校，大城市的教育资源都严重短缺。（4）空气污染严重。虽然近年来各地特别是大城市都采取了包括限行限号、工厂停产等各种措施大力进行空气治理，但是，空气污染问题依然比较严重。2015年，北京空气质量达到二级及以上的天数仅为186天，即全年有一半时间空气质量不达标；天津情况稍好，其达标天数为216天；上海为252天，杭州为242天，武汉为189天，长沙为257天，重庆和成都分别为292天和211天[2]。

其次，水、土地以及矿藏等自然资源供应不足。虽然我国是个资源大国，但是人均资源占有量较少。（1）2015年，我国水资源总量共27 963亿立方米，人均水资源为2039.2立方米；虽然水资源总量位居世界第六，但是人均水资源占有量太少，为全球水资源人均占有量最贫乏的国家之一[3]。此外，水资源区域分布不均、年内与年际间分布不均，东南地区多水、西北地区少水，夏秋多水、冬春少水，曾出现连续丰水年和枯水年。人均水资源匮乏是制约未来城镇化进一步发展的重要瓶颈，而水资源区域分布不均以及年内分布不均则对我国目前城镇化格局有一定的影响，也将影响未来城镇化的规划与发展。以北京为例，2015年全市人均水资源为124.0立方米，南方情况整体好于北方，但是上海人均水资源也仅有264.8立

1　北京市统计局，国家统计局北京调查总队. 统计数据[OL]. http://www.bjstats.gov.cn/tjsj/cysj/201511/t20151109_311727.html.

2　国家统计局，环境保护部. 中国环境统计年鉴2016[M]. 北京：中国统计出版社，2016.

3　国家统计局，环境保护部. 中国环境统计年鉴2016[M]. 北京：中国统计出版社，2016.

方米，远远低于国际缺水警戒线1000立方米[1]。近年来，许多城市因为过度抽取地下水，从而出现地面沉降等问题。（2）与水资源情况类似，土地资源也供不应求。我国国土面积广大、土地面积总量大，但人均土地面积不多，此外我国幅员辽阔，不同区域的地理地势以及气候环境相差巨大，适宜人居的土地面积并不多，再加上宜居之地也大都是土壤与气候等资源较好的宜农土地，导致我国在城镇化进程中农业用地与非农建设用地的矛盾十分突出。2015年，我国现有耕地13 499.9万公顷，人均耕地1.5亩[2]。横向来看，我国耕地约占世界耕地的7%，人均耕地面积约为世界人均耕地面积的40%，处于世界中下水平，远低于世界平均水平；纵向来看，1949年到2015年，我国耕地总面积在9788.1万公顷的基础上增加了38%，但人均耕地面积在2.7亩的基础上减少了80%[3]。人均耕地面积不足的同时，我国城市扩张速度加快，建成区面积不断扩大。据统计，1981年我国城市建成区面积为7438.0平方千米，至2015年，城市建成区面积扩张至52 102.3平方千米，增长了6倍[4]。一方面，由于城市的扩张一般是从城市中心向城市周边扩张，而城市周边的土地大都是土地等级较高的农业用地或者耕地，因而城市扩张不但对土地需求量很大，而且需要占用大

---

1 国家统计局，环境保护部．中国环境统计年鉴2016[M]．北京：中国统计出版社，2016.

2 中华人民共和国国土资源部．2016中国国土资源公报[OL]. http://data.mlr.gov.cn/gtzygb/201704/P020170428532821702501.pdf.

3 国家统计局国民经济综合统计司．新中国六十年统计资料汇编[M]．北京：中国统计出版社，2010.

4 住房和城乡建设部．2015年城乡建设统计年鉴[OL]. http://www.mohurd.gov.cn/xytj/tjzljsxytjgb/index.html.

量优质农用地甚至耕地；另一方面，我国人均耕地少，可开垦为耕地的土地不足的事实使我国实施着最严格的耕地保护制度。在这种情况下，尽管我国国土面积辽阔，但是城镇化进程中所能供给的土地仍然有限，城镇建设用地供给紧张。土地供应不足的问题不仅影响着未来我国城镇化的格局，也是未来我国城镇化模式的发展与改变不得不考虑的制约条件。（3）除水和土地资源以外，矿藏资源也存在供给不足的问题。我国矿藏资源种类丰富、矿藏总量大，但人均占有量少、分布不均、开采难度大。以能源资源为例，2015年，我国煤、原油以及天然气进口量分别为20 406万吨、33 550万吨以及611亿立方米，同年出口量为716万吨、287万吨以及33亿立方米，净进口量分别为19 690万吨、33 263万吨以及578亿立方米；与此同时，我国查明的煤炭、石油以及天然气储量分别为15 663.1亿吨、35.0亿吨以及5.2万亿立方米，同年煤炭、原油以及天然气的消费量分别为39.7亿吨、5.4亿吨以及0.2万亿立方米，同年消耗量占查明储量的比为0.3%、15.4%以及3.8%[1]。能源是产业发展的基石，城镇化的顺利进行必须以充裕的能源为支撑。在全球能源需求不断增大的情况下，我国能源资源的储量与产量决定了未来城镇化模式必须要以资源节约、能源高效利用为前提。

最后，环境污染严重。（1）我国水污染严重。我国内陆水污染情况比较严重，特别是城市密集区域水污染严重。2015年，全国按流域分区的河流水质状况评价结果表明，Ⅰ类、

1 国家统计局. 数据查询[OL]. http://data.stats.gov.cn/；中华人民共和国国土资源部. 2016中国国土资源公报[OL]. http://data.mlr.gov.cn/gtzygb/201704/P020170428532821702501.pdf.

Ⅱ类、Ⅲ类、Ⅳ类、Ⅴ类以及低于Ⅴ类的比重分别为8.1%、44.3%、21.8%、9.9%、4.2%以及11.7%，其中覆盖我国东北、华北、华中并涉及东部的河流低于Ⅴ类比重超过了20%[1]。我国海域水污染情况也不容乐观。2015年，我国海域面积473万平方千米，未达第一类海水水质标准的海域面积为15.5万平方千米，占全海域面积的3.3%，劣于第四类水质的海域面积为4.0万平方千米，占未达第一类海水水质标准海域面积的25.8%。在四大海域中，东海污染最严重，其未达一类海水水质标准的海域面积为7.7万平方千米，占全国未达一类海水水质标准的海域面积的43.4%[2]。（2）大气污染严重。2015年我国二氧化硫、氮氧化物、粉尘以及工业废气排放总量分别为1859.1万吨、1851.0万吨、1538.0万吨以及685 190亿立方米[3]。虽然我国也投入了大量人力、财力与物力进行大气污染治理，但是雾霾天气持续时间较长、雾霾指数偏高，人们的生产生活受到明显影响。（3）固体废弃物处理率不高。2015年，我国工业固体废弃物产生量为33.1亿吨，其综合利用为60.2%[4]。

1 国家统计局，环境保护部. 中国环境统计年鉴2016[M]. 北京：中国统计出版社，2016.

2 国家统计局，环境保护部. 中国环境统计年鉴2016[M]. 北京：中国统计出版社，2016.

3 国家统计局，环境保护部. 中国环境统计年鉴2016[M]. 北京：中国统计出版社，2016.

4 国家统计局，环境保护部. 中国环境统计年鉴2016[M]. 北京：中国统计出版社，2016.

5.3 我国对城镇化模式发展变化的宏观要求

城镇化模式是在工业化、自然禀赋、社会经济制度以及基础设施等各种驱动因素的作用下形成的。城镇化模式不仅是城镇化过程中所形成的不同规模等级城镇及其之间的结构关系，还对城镇化发展、产业结构调整以及工业化进程具有反作用。正因为城镇化模式不但对城镇化模式本身及城镇化会产生影响，也会在一定程度上促进或者阻碍社会经济的发展，因此将城镇化模式纳入社会经济发展的大框架中，分析社会经济发展对城镇化模式发展变化的宏观要求就十分有必要了。总的来说，我国要求城镇化模式的发展能促进城镇化的健康发展、产业结构优化以及工业化进程。

5.3.1 促进城镇化健康发展

城镇化模式是城镇化发展变化过程中的产物，是城镇化的一部分。城镇化模式的发展变化过程也是城镇化的发展变化过程，城镇化模式的发展变化会影响城镇化的健康发展。

虽然健康的城镇化并没有统一的标准，但根据城镇化模式的内涵及国外城镇化的发展经验，健康的城镇化必然是工业化与城镇化相协调的城镇化，城乡发展相协调的城镇化，以及土地城镇化与人口城镇化相协调的城镇化。我国城镇化的发展历程中，出现过不少与此相关的问题，虽然有些问题解决了，但仍有很多问题尚待解决。未来城镇化模式的发展转变，必须要以现有国情为基础，充分考虑目前城镇化中出现的问题，以促进城镇化的健康发展。

5.3.1.1 城镇化模式要有利于土地城镇化和人口城镇化的协调发展

我国土地城镇化与人口城镇化的发展失衡主要表现为土地城镇化快于人口城镇化，进而导致单位面积土地的经济效益低下、土地资源浪费严重、优质农业用地遭损毁甚至威胁粮食安全、生态环境破坏严重。土地城镇化快于城镇化是土地城镇化速度过快和人口城镇化速度过慢的结果。土地城镇化本应是产业结构转换、社会经济发展的自然结果，但是在我国土地城镇化的过程中不可避免地受到各种因素的影响，出现了扩张速度过快的问题。在我国，土地城镇化速度过快的原因有以下几个方面：（1）对“土地财政”的过度依赖导致地方政府具有促进土地城镇化的强烈冲动；（2）对利润最大化的追求导致企业具有多拿地从而促进土地城镇化的强烈冲动；（3）对政绩的追求导致地方政府官员具有多建新区、多招商引资，以土地换政绩从而促进土地城镇化的强烈冲动。人口城镇化速度过慢则是目前经济发展阶段下客观和主观综合作用的结果。客观原因在于：（1）现阶段的产业结构决定了我国非农产业对农业人口的吸纳能力有限，从而限制了人口城镇化的速度；（2）我国人均国内生产总值和人均收入水平较低，社会经济发展的积累更多地被用于扩大生产与发展经济，缺乏足够的资金建设更多的城镇基础设施与公共服务设施以满足快速的人口城镇化。主观原因在于：严格的户籍制度与人口流动政策等因素限制了人口城镇化的速度。为避免出现拉美国家严重的“城市病”，我国有意识地采取了较为严格的户籍制度和人口流动政策，控制人口由农村向城市特别是大城市集聚，因此我国农村人口的转移速度相对较慢。为促进土地城镇化和人口城镇化的协调发展，城镇化模式的发展必须有利于降低土地城镇化速度并提高人口城镇化速度。根据前文分析，不同规模城镇下的要素流动不同，因此城镇化模式可通过调整不同规模城镇的结构以及区域内各类规模城镇的联系，来调整土地和人口的流动。

5.3.1.2 城镇化模式要促进城乡协调发展

我国农村的发展落后于城镇，其具体表现为：城乡经济发展差距过大，城乡基础设施与公共服务水平差距过大，以及城乡文化发展不平衡。农业发展落后，基础薄弱，不能为工业化的进一步发展提供更强的源动力；农民收入过低，城乡差距过大是社会和谐发展的重要隐患；农村文化相对落后，服务功能不健全是实现共同富裕的瓶颈。城乡发展不协调的原因主要在于：（1）城镇非农产业的边际效益要远高于农业，非农产业发展迅速而农业产业发展动力不强；（2）非农产业是引领国民经济发展的核心动力，绝大部分资本积累都流向了非农产业；（3）城镇人口密集，农村地广人稀，城镇人均基础设施与公共服务的投入成本较农村更低；（4）长期以来的工业化、城镇化发展战略使工农产品“剪刀差”现象严重，农业剩余被大量用于支持工业和城镇的建设，导致农业发展缓慢、农民收入低下；（5）城乡的发展水平差距以及城乡居民的生活水平差距，导致代表工业文明的城市文化处于强势地位而代表农业文明的农村文化处于弱势地位。城镇化模式的发展和转变必须有利于减少城乡差距，促进城乡协调发展。由于不同规模的城镇与农村的关系不同，对农村与城镇的影响也不同，城镇化模式在发展过程中可以通过调整不同规模城镇的结构来影响城乡关系，缩小城乡差距。

5.3.1.3 城镇化模式要促进工业化与城镇化的协调发展

我国工业化与城镇化发展不协调主要表现为工业化速度快于城镇化速度。工业化快于城镇化导致国民经济的发展、国家财富的增加与人民生活水平的提高不匹配；导致大量人口滞留于农村，“三农问题”长期存在。并且，人民生活水平提高速度低于国家财富的增加以及大量人口滞留于农村的现实，又通过制约消费从而影响国民经济的进一步发展。工业化快于城镇化的主要原因在于：（1）以重工业为导向的非农产业结构使国民经济的发展更多依赖于资本而非人口；（2）仍处于发展中国家的事实使我国无法为更多的城镇人口提供充足的基础设施以及公共服务。城镇化模式的发展和转变必须有利于工业化与城镇化的协调发展。不同的城镇化模式对产业结构的影响不同，也适用于不同的工业化进程。为提高城镇化速度，使城镇化与工业化协调发展，可通过改变不同规模城镇的结构，在保证经济发展的同时，重点发展适宜人口密集型产业的城镇，从而提高城镇化率。

5.3.2 促进产业转型升级

根据城镇化模式的影响机理，城镇化模式对产业转移与产业结构升级具有深远影响。改革开放以来，我国凭借“人口红利”奠定了制造大国的地位；投资和出口两驾马车保证了我国经济增速一直处于高位。但是，随着发达国家的“再工业化”以及新兴国家和地区工业化进程的加快，发达国家的高端回流与新兴国家和地区的中低端分流对我国产业形成“双向挤压”；尤其是随着“人口红利”的消失、土地成本的不断上升以及资源环境的约束加剧，高投入、高消耗、高污染、低成本、低效率的传统产业发展模式难以为继。在内外双重压力之下，我国产业层次低、结构不合理、产业“低度化”“趋同化”等问题日益严峻。因此，促进产业高端化、产业信息化、产业集群化、产业生态化以及产业国际化，加快构建新的产业体系，提升产业竞争力成为我国产业转型与升级的必然选择[1]。

5.3.2.1 城镇化模式的发展要有利于促进产业的高端化

产业的高端化表现为产业链与价值链的高端化。自主创新推动下对研发、设计、品牌培育以及营销等关键环节的掌握是实现价值链提升的重要措施。大城市在创新、技术方面具有天然优势，城镇化模式在发展转变过程中必须保证大城市的发展，充分发挥大城市引领创新与技术革新的能力，促进产业的高端化。

5.3.2.2 城镇化模式要有利于产业信息化

互联网、云计算、大数据以及物联网等信息技术不但已经渗入各个产业、各个领域，还催生了新的业态、商业模式以及生产方式等。未来的产业发展既是信息化的产业，也是产业的信息化过程。城镇化模式的发展应正视信息化对人类

1 费洪平. 当前我国产业转型升级的方向及路径[J]. 宏观经济研究，2017（2）.

生产生活方式的全面影响，在城镇规划、城镇产业规划以及城镇集群发展规划等过程中充分利用互联网、云计算、大数据等现代化工具科学制定规划。城镇化模式的发展要促进产业的信息化还必须为信息化创造良好条件，各类城镇及农村在基础设施建设与公共服务提供方面应为产业的信息化提供便利，特别是引领创新与技术革新的大城市，更应为信息化产业提供良好的环境，促进产业的转型和升级。

5.3.2.3 城镇化模式的发展要有利于产业集群化

产业的集群化发展具有规模效应优势与竞争优势。相比发达国家，我国的产业集群发育并不成熟，整个产业链上的企业合作不紧密，龙头企业缺乏带动效应，产业集群的整体竞争力不强[1]。城镇化模式要促进产业的集群化就必须促进产业链的完善。由于不同产业所适宜的城镇规模并不相同，同一产业链的上游、中端及下游所适宜的城镇规模也不相同，因此各城镇从规划开始，就应相互交流、协商、合作，为整个产业链上各企业的发展和交流提供便利条件。特别是在城市群的发展过程中，更应注重城市群边界的划分，为群内不同城镇之间的产业发展与联系、城乡发展与联系提供便利。

5.3.2.4 城镇化模式的发展要有利于产业生态化

产业生态化就是要以资源节约和生态环保为导向，促进产业的资源低消耗、环境低污染，实现产业与资源环境协调

1 费洪平. 当前我国产业转型升级的方向及路径[J]. 宏观经济研究，2017（2）.

发展。城镇化模式的发展要促进产业生态化，必须坚持绿色生态的发展理念。由于不同规模城镇的规模效应不同、单位能耗不同，因此不同规模城镇的结构应合理调整，使整个城镇体系的规模效益与生态效益最大化。同时，不同规模城镇在产业选择方面，应充分考虑自身资源禀赋及其与周边城镇的关系，在规划初期就做到因地制宜，充分与周边城镇合作，避免产业布局的重复与资源浪费。

5.3.2.5 城镇化模式的发展要有利于产业国际化

全球化是世界与经济发展的必然趋势，我国自然也参与其中并获得了一定的优势和效益。在未来全球化过程中我国要继续保持并进一步扩大优势必须提升技术水平，改变现在占据加工制造低端环节的现状，推进产业向价值链高端迈进。城镇化模式要促进产业的国际化，首先要为产业技术革新提供最佳空间载体。以长三角、珠三角及京津冀城市群为代表的城市群是我国最发达的区域，尤其是长三角城市群享有一定的国际声誉，但与国际著名城市群和大都市仍有差距，其产业发展与国际著名城市群与大都市的产业也有差距[1]。促进产业国际化应加强国内最发达的大都市与城市群的发展，使之与国际大都市以及著名城市群接轨。其次，发达城市群以外的其他区域也应深化合作，积极承接产业转移，完善产业结构，提升整个国家的产业竞争力；同时为外商投资提供良好的平台，积极吸引全球资本、先进技术与管理经

1　许庆明，胡晨光，刘道学. 城市群人口集聚梯度与产业结构优化升级——中国长三角地区与日本、韩国的比较[J]. 中国人口科学，2015（1）.

验，促进本区域的管理、技术国际化和产品国际化。

5.3.3 促进工业化进程

2015年，我国提前实现了党的十六大提出的2020年“基本实现工业化”与党的十七大强调的“工业化基本实现”的目标，正式进入后工业化时代[1]。我国将从“传统工业化”向“新型工业化”转型，从“工业主导”向“服务业主导”转型，从“工业与服务业双轮驱动”的经济向“服务业与工业双轮驱动”的经济转型。为更好地适应后工业化时代的发展，城镇化模式的发展应促进工业的转型升级和服务业的发展。关于城镇化模式的发展如何促进以工业为中心的产业转型升级，前文已进行了较为深入的分析，此处不再赘述，仅重点阐述城镇化模式的发展转变将如何促进服务业的发展。

5.3.3.1 城镇化模式的发展要为服务业的发展提供充足的保障

服务业具有集聚性质，更适合在人口和资源集中的城镇发展，提高城镇化率、促进人口城镇化是促进服务业发展的重要措施。根据发达国家的经验，在城镇化完成之前，城镇化与服务业的发展呈正相关关系；在城镇化完成之后，二者呈负相关关系[2]。服务业的发展是生产力发展的结果，城市规

---

1 胡鞍钢. 中国进入后工业化时代 [J]. 北京交通大学学报（社会科学版），2017（1）.

2 杨艳琳，张恒. 全球视角下服务业与城市化互动关系研究——基于22个国家1960—2013年面板数据的实证分析[J]. 中国人口·资源与环境，2015（11）.

模越大，经济越发达，服务业越接近发达国家水平。因此，应促进各类规模城镇的发展，从而为服务业的发展提供必要保障。

5.3.3.2 城镇化模式的发展要促进服务业的升级

根据经济作用的不同，可将服务业分为生产性服务业、消费性服务业以及公共服务业[1]。生产性服务业是社会分工细化的结果，是生产者购买的服务，不仅为本地生产性行业服务，而且服务于外地甚至全球的生产性行业；消费性服务业萌芽于城镇诞生之初，是消费者购买的服务，仅服务于本地市场；公共服务业的诞生晚于消费性服务业早于生产性服务业，是政府为完善城镇功能、改善城镇环境而提供的服务。消费性服务业是服务业的基础，可以直接改善人类的衣食住行体验；生产性服务业是先锋，能通过提高其他各产业的效率促进经济的发展；公共服务业是润滑剂，通过改善环境提高城镇的竞争力。消费性服务主要取决于消费者的收入及消费习惯，一般情况下居民可支配收入越高，消费性服务业越发达。生产性服务业和经济发展程度相关，通常经济越发达，生产性服务业越发达。公共服务业与政府收入相关，政府收入越多，公共服务业越发达。我国的城市规模与经济发展基本呈正相关，经济越发达，服务业越发达。不同规模的城镇在服务业的结构和类型上各不相同，生产性服务业和消费性服务业与城镇规模呈正相关关系，且生产性服务业随

1　赫伯特·G. 格鲁伯，迈克尔·A. 沃克. 服务业的增长原因与影响[M]. 陈彪如，译. 上海：上海三联书店，1993.

着城市规模的增大比消费性服务业发展更快，公共服务业与城镇规模呈负相关[1]。因此，城镇化模式应通过城镇规模的结构调整来促进服务业结构的调整，从而实现服务业结构的升级，进而促进工业化的优化与发展。

5.4 本章小结

本章采用历史分析与现实分析、局部分析与全局分析相结合的方法对我国的城镇化模式进行了详细分析。

首先，本章梳理了我国城镇化的发展历程以及各阶段城镇化模式的特点。新中国成立以来，我国城镇化大致可分为改革开放前、改革开放至20世纪90年代末、20世纪90年代末至今三个阶段。改革开放前的城镇化率和城市数量的变化趋势基本一致，城镇化在曲折、反复中不断发展，但是城镇化严重落后于工业化。这一时期的城镇化在经历了短时间、大范围的城镇化建设之后基本陷入停滞状态，没有形成成熟的城镇化发展模式。但是总体来说，大中城市的发展稍快于小城市，小城镇的发展全面萎缩；东、中、西部地区均衡发展。改革开放至90年代末，我国步入快速城镇化阶段，城镇人口及城镇化率逐年增长。这一时期的城镇化模式特点鲜明：（1）从行政体系结构来看，各类行政级别的城镇发展迅

1 魏守华，韩晨霞. 城市等级与服务业发展——基于份额-偏离分析法[J]. 产业经济研究，2010（4）.

速，小城镇发展尤其突出；（2）城市体系下大城市发展迅速，城镇体系下的小城镇发展更为迅猛，由此形成了小城镇发展模式；（3）从空间结构来看，东部地区是我国城镇化的重点区域。20世纪90年代末至今，我国城镇化人口和城镇化率稳步增长，城镇化进入快速发展中期阶段。这一时期的城镇化基本形成了大城市发展模式：（1）从数量结构来看，无论是城镇行政体系还是城市体系，大城市都占有绝对优势；（2）从空间结构来看，东部地区仍然是我国城镇化最完善的区域。

其次，本章对我国城镇化模式中的问题进行了分析。城镇结构不协调、城乡发展不均衡以及人与自然关系不协调是目前我国城镇化模式中存在的主要问题。大城市发展模式下各类规模城市的数量和经济发展不均衡，小城镇发展不均衡，区域之间的城市数量、规模以及经济发展不均衡，是目前我国城镇结构不合理的主要表现，也是大城市发展模式下面临的主要问题。资源向以大城市为中心的城市集聚，城乡经济发展差距过大，城乡基础设施与公共服务差距过大，城乡文化不平等是城乡发展不均衡的主要表现。大城市发展模式的优势在于能够促进经济快速发展，但其对资源环境的保护不够，一旦自然资源供应不足便容易导致“大城市病”，这种发展模式下人与自然的关系不协调问题较为突出。

最后，本章将城镇化模式问题纳入整个经济社会发展的框架中，分析了在现实国情下，我国对城镇化模式发展变化的宏观要求包括促进城镇化健康发展、促进产业转型升级以及促进工业化进程。城镇化模式的发展要促进城镇化的健康发展，应有利于土地城镇化和人口城镇化的协调发展、城乡协调发展，以及城镇化与工业化协调发展。城镇化模式的发展要促进产业转型升级，应有利于促进产业高端化、产业信息化、产业集群化、产业生态化以及产业国际化。城镇化模式的发展要促进工业化进程，应更好地推动工业的转型升级，促进服务业的升级与发展，实现“服务业与工业双轮驱动”。

6

我国城镇化发展模式的选择
——城市群发展模式

6.1 积极推进城市群发展模式的原因及条件

6.1.1 积极推进城市群发展模式的原因

以城镇化模式的发展机理为依据，参考国外城镇化模式的发展经验，结合我国城镇化发展历程及现有模式特点，按照我国社会经济发展对城镇化模式的宏观要求，未来我国应积极推进城市群发展模式。

6.1.1.1 遵循城镇化模式的发展机理是应积极推进城市群发展模式的根本原因

城镇化模式在发展变化过程中会遵循一定的规律，可称之为城镇化模式的发展机理。工业化、自然禀赋、社会经济制度以及基础设施是城镇化模式的驱动因素。其中，工业化是影响城镇化模式的根本原因，自然禀赋是影响城镇化模式的基础条件，社会经济制度是影响城镇化模式的关键因素，基础设施则是影响城镇化模式的乘数。同时，城镇化模式也会影响要素流动、产业转移与结构变化以及工业化进程。

首先，我国已进入后工业化时代，产业结构由“二三一”转变为“三二一”。众所周知，第三产业不但为本区域服务，而且能辐射其他区域甚至全球。第三产业为主导意味着各城镇、各地区的联系进一步加强。城镇联系的进一步加强是城镇间分工合作的基础，也是城市群发展模式的基础。在产业结构转变的同时，我国经济发展将由“工业与服务业双轮驱动”向“服务业与工业双轮驱动”转型，这表明虽然“工业主导”已转向“服务业主导”，但工业仍然在国民经济中占据重要位置，工业只是进一步转型与升级，并非被逐渐淘汰。工业的转型与升级不但包括工业产业内容的变化，也包括工业产业的空间位置变化。从内容上来看，工业的转型和升级离不开生产性服务业的支持，因此工业不能远离大城市等生产性服务业发达的城市。从空间位置来看，工业产业由于利润降低和成本增加，将离开土地租金等成本较高的大城市。所以，离开大城市又不能远离大城市的特点决定了工业产业应布局在以大城市为中心的周边城镇。工业产业布局的特点决定了工业产业的转型升级需要积极推进城市群发展模式。

其次，由于我国复杂的地理气候环境和庞大的人口基数，适合城镇发展的土地在国土面积中所占比并不大，且人均自然资源较为匮乏。自然资源的现状决定了我国在选择城镇化发展模式时必须考虑自然资源与能耗，选择资源节约型城镇化发展模式。城市群发展模式下，城市群内的城镇分工合作、紧密联系，生产与生活所需的部分功能由各个城镇单独提供、服务本区域，部分功能则由特定城镇提供、服务整个城市群。在满足生产生活日常需求的前提下，既不会因为重复建设或服务覆盖范围太小而浪费资源，又不会因为达不到最低服务范围而无法提供某些服务从而降低生产生活的便捷度。通过城市群发展模式，可以使城市群内各城市的功能分布更协调、更合理，进而促进资源的共享与集约节约利用。

第三，十八届三中全会进一步明确了市场的重要地位和作用，强调要“使市场在资源配置中起决定性作用和更好发挥政府作用”[1]。从城镇化模式的角度来看，这就意味着更自由的资源和要素流动以及与之更匹配的城镇化模式。根据市场规律，资源和要素总是从收益低的产业和区域向收益高的产业和区域流动，即未来的资源和要素将进一步向大城市及大城市周边集聚。资源和要素的这种流动不但会进一步促进大城市规模与辐射范围的扩大，而且会使大城市与周边区域的联系进一步加强，进一步促进城市群的形成与发展。此外，政府在城镇化模式中也将更好地发挥作用。以《国家新型城镇化规划（2014—2020）》[2]为代表的国家重大规划明确了城市群作为国家新型城镇化空间主体的地位，发展改革委员会组织批复了各城市群的规划工作，将城市群发展模式的地位上升至国家高度，并将城市群发展模式落实到政府工作实处。市场在资源配置中起决定性作用会促进城市群的形成与发展，更好地发挥政府的作用则会加速城市群发展模式的形成与发展。

第四，基础设施的建设与完善促进了区域间资源和要素的流动，也加强了区域间的联系和合作。交通基础设施为物

1 中国共产党第十八届中央委员会. 中国共产党第十八届中央委员会第三次全体会议公报[OL]. http://www.gov.cn/jrzg/2013-11/12/content_2525960.htm.

2 国家发展与改革委员会. 国家新型城镇化规划（2014—2020年）[OL]. http://www.ndrc.gov.cn/fzgggz/fzgh/ghwb/gjjh/201404/t20140411_606659.html.

质和人口的流动提供了载体，通信基础设施则为信息的流动提供载体。以交通和通信为代表的基础设施的建设与完善使物质、人口和信息流动加速，进一步促进了各区域之间的联系与合作，从而为城市群的形成与发展提供物质基础，使城市群的形成与发展成为可能。

最后，城市群发展模式会促进要素的合理配置。各要素将以更合适的方式向更合理的区域流动，从而促进产业的转移与结构优化，以及工业化的发展进程。资本总是由收益低的区域向收益高的区域流动，人口也总是由预期收益低的区域向预期收益高的区域流动。一开始，资本和人口总是倾向于流向收益高的大城市直至大城市的收益开始下降，资本和人口就会寻找新的收益高地。在城市群发展模式下，以大城市为中心的各类规模城镇分工合作，在城市群整体竞争力提升的同时，城市群内各类城镇的竞争力也相应提升。资本和人口在退出大城市向其他地方流动时，首先会考虑城市群中的其他规模城镇，因为一方面这些城镇的竞争力强，资本和人口的预期收益比城市群外的城镇要高，另一方面这些城镇与中心大城市的联系更紧密，更早也更容易从大城市的溢出效应中获益。人口和资本在城市群内流动的同时，产业也历经结构的变化与升级。在城市规模不断扩大的过程中，大城市因为昂贵的成本，其第三产业比重会逐渐上升，第二产业比重逐渐下降。因为随着第二产业的逐渐成熟，其边际利润逐渐下降，成熟的标准化生产使其不能从大城市集聚中获得更大的收益。在第二产业搬离大城市重新选址时，首先考虑的便是城市群内大城市周边的其他城镇，因为这些城镇的成本相对较低，又离大城市比较近，与上下游产业的联系相对便捷，更容易获得外部援助。并且，受益于大城市第三产业的发展以及上下游产业的外部性，第二产业在向大城市周边转移的同时也在进行着产业的更新与升级。因此，在城市群发展模式下，大城市的产业逐渐由第二产业为主导转变为第三产业为主导，第二产业则转移至城市群内其他规模城镇，同时在产业内容上也逐渐由传统制造业向现代制造业转型升级。第三产业的发展以及第二产业的转型和升级是我国后工业化时期"服务业与工业双驱动"的经济基础，城市群发展模式通过促进第三产业的发展与第二产业的转型与升级加快我国的工业化进程。

6.1.1.2 国外城镇化模式为我国积极推进城市群发展模式提供了参考依据

虽然世界其他国家和地区在国情与城镇化模式的选择与发展上各不相同，但国外发达国家和发展中国家城镇化的发展过程中总有一些共同规律，可以为我国积极推进城市群发展模式提供参考依据。

首先，发达国家成功的城镇化模式为我国积极推进城市群发展模式提供了参考依据。根据前文分析，发达国家都已成功步入城镇化后期阶段，虽然在实现城镇化的过程中不同发达国家采取的城镇化模式各不相同，但在城镇化发展到一定阶段都出现了城市群，且城市群成为一个国家或地区的经济中心。

其次，发展中国家在城镇化模式的选择与摸索过程中也为我国积极发展城市群模式提供了参考依据。发展中大国如巴西和印度，在城镇化初期都采取了大城市发展模式，且大城市发展模式在城镇化初期对城镇化与工业化具有一定促进作用，但随着城镇化率的提升以及工业化的加深，单纯的大城市发展模式给城镇化与工业化造成了比较严重的负面影响，而改变这一负面影响的重要方式就是发展以大城市为中心的城市群。巴西近年来意识到大城市发展模式的问题后开始有意识地通过城市群的发展来缓解这一问题，逐渐形成了较为成熟的城市群；印度则在考虑如何围绕大城市兴建一批中小城市从而使城镇化模式促进城镇化与工业化的发展。可见，无论是发达国家的成功城镇化模式经验，还是发展中国家不断修正的城镇化模式经验，都提示我国应积极推进城市群发展模式。

6.1.1.3 解决目前城镇化模式存在的问题是积极推进城市群发展模式的现实要求

历经近70年的发展，我国城镇化已经步入快速发展的中期阶段。在这一阶段，城镇化质量替代城镇化率成为城镇化的主要议题，未来城镇化模式的发展就是要针对目前城镇化模式中出现的问题，选择适合这一阶段我国国情的城镇化模式。根据前文分析，我国城镇化模式中出现的主要问题包括城镇结构不协调、城乡发展不平衡，以及人与自然关系不协调。这三大问题都可以通过城市群发展模式得以解决。

首先，城镇结构不协调问题可通过城市群发展模式解决。在同一区域内，城市群发展模式将建立以一个或若干个大城市为中心的联合体，在这个联合体中，各类规模的城镇分工合作、共同发展。因此，城市群模式可避免某一个或几个城镇的发展占据“顶端优势”而抑制其他城镇的发展，进一步实现区域内各类规模城镇的共同发展。城市布局区域不平衡问题也可通过城市群模式进行缓解。我国区域发展不平衡的根本原因在于中西部地区发展较为落后，中西部地区城市数量、规模以及经济发展远不及东部地区。中西部地区城市群的规划与建设，一方面可统筹安排现有资源与要素更好地建立发展极，从而促进区域的经济发展，避免城市群内部之间的重复建设与无效竞争；另一方面可更好地规划定位，与其他城市群错位发展，从而避免全局的重复建设与无效竞争。区域内各城镇间的分工合作与区域间的良性竞争不但有利于城市群内部各城镇的发展，而且可通过城市群模式的发展缩小区域间的差距，从而促进城市在区域间的均衡布局。

其次，城乡发展不平衡也可通过城市群发展模式进行改善。城市群发展模式不仅是各规模城镇的协作与发展，而且是城乡之间关系的再定义。在城市群发展模式中，农业作为经济发展基础动力的地位并不会改变，农村和农民不仅是城镇化扩张的对象，还代表独立于城镇的另一种文明和生活方式。通过城市群的发展和建设，可有效提高区域竞争力及区域经济水平。城市群内经济水平的提高不但会通过溢出效应惠及区域内农村地区，而且城市群的积累还可以反哺农村。随着城镇化的进一步深入以及农业现代化的发展，农村的地域范围不断缩小，农民的数量越来越少，农业文明的物质和精神载体变得稀缺，农村和农民作为农业文明的载体显得愈发珍贵。农村不再是落后与贫穷的代表，而是农业文明的传承者，是不同于现代工业文明的一种独立存在。

最后，人与自然关系不协调的问题也可通过城市群发展模式解决。城市群发展模式从表面上看是不同规模城镇的结构再调整，实质上是资源和要素的再分配。城镇化模式中的人与自然关系不协调问题归根到底也是资源配置不合理问题。人口过度集聚是“大城市病”产生的根本原因，城市群发展模式通过调整城市群内周边城市与大城市之间的关系，疏散大城市现有的功能，使资源和要素流向大城市周边的城市，从而缓解“大城市病”。我国人口众多、人均自然资源少是无法改变的事实，但通过城市群的建设可使自然资源的配置更加合理化。城市群的建设可使城市群内的城镇联系更紧密，城市群内的各种资源更容易实现共享，从而形成规模经济效益。同理，环境污染的问题也可通过城市群的建设进行缓解。企业或者行业为提高竞争力，实现更多的资本积累，使内部成本外部化，从而导致生产行业的环境污染。高污染行业迁出中心城市落址于周边城镇，一方面可降低成本，节省用于处理和改善环境污染的成本，另一方面仍可享受大城市的溢出效应从而提高生产效率。城市群的建设与发展同样可使城市群内各城镇共享生活环境污染处理方法和方式，从而降低生活污染处理的人均成本，提高生活污染处理能力，减少环境污染。

6.1.1.4 城市群发展模式能够满足社会经济发展对城镇化模式的宏观要求

首先，城市群发展模式有利于促进城镇化的健康发展。城镇化的健康发展主要包括土地城镇化和人口城镇化的协调发展、城乡协调发展以及工业化与城镇化的协调发展。城市群发展模式以产业为导向，通过各类基础设施的建设促进城市群内各城镇的产业的分工与合作，进而促进城市群内经济的发展。当产业发展繁荣至可支撑区域内的财政收入时，原有的“土地财政”便失去了存在的根基，政府也失去了土地城镇化的动力。在政府不再推进土地城镇化，土地的使用成本升高，企业无法从土地中获取更多利润，进而也失去占有更多土地的动力。并且，城市群发展模式要实现群内各规模城镇的分工与合作，各城镇不但在确定产业发展规划方面进行协调，在新区、工业区等的建立与发展方面也要进行协调。这样既避免了区域内产业的重复与无效竞争，也避免了区域内产业园区的重复建设与浪费。因此，城市群发展模式可缓解土地快速城镇化问题。另外，城市群发展模式也可促进人口城镇化。人口城镇化过慢的原因在于原有城镇化模式下的产业结构导致的城镇人口吸纳能力过低，以及经济发展水平导致的城镇基础设施建设过慢与公共服务水平过低，并由此制定的避免“大城市病”的人口流动政策。城市群发展模式则不但要调节城市群内的城镇结构，更要调整城市群内各城镇的产业结构并实现产业的升级。当第二产业往中心城市周边转移时，周边城镇的人口吸纳能力增强；周边城镇经济的发展使其有更多的积累用于基础设施建设与提高公共服务水平。当大城市周边的城镇快速发展、预期收益上升，人口自然向这些规模城镇流动，再适当辅以大城市人口控制政策与周边城镇落户鼓励政策，人口向中小城市及城镇流动将成为必然趋势，就能在避免“大城市病”的同时促进人口城镇化。此外，城市群发展模式还能促进工业化与城镇化的协调发展。工业化快于城镇化的主要原因在于：以重工业为导向的非农产业结构导致城镇吸纳人口的能力有限，以及由于工业化水平不高导致的城镇基础设施建设与公共服务水平不到位。而城市群发展模式促进人口城镇化的方式同样适用于缓解工业化与城镇化发展不协调的问题。

其次，城市群发展模式可促进产业的转型升级。城市群发展模式是以一个或若干个大城市为中心，区域内各城镇分工协作共同发展的模式。在城市群中，中心城市竞争最为激烈，是创新中心与技术革新中心。中心城市负责为整个城市群中产业的转型与升级提供技术支持和服务，其他规模城镇通过城市群内便捷的基础设施与共享的公共服务快速受益于中心城市的技术革新服务，并承接中心城市产业转移。大城市不断实施技术革新与产业转移，周边城镇不断实施产业承接与升级，城市群内形成完整的产业链，各产业实现空间上的转移与内容上的升级。

最后，城市群发展模式可促进“服务业与工业双驱动”的工业化进程。城市群发展模式不但可以促进以工业为中心的产业升级与转型，还可以促进服务业的发展。（1）城市群的建设与发展本身促进了服务业的发展。因为城市群的建设与发展意味着城市群内各规模城镇之间的物质与信息流通量更大，这便需要更多的人员对诸如交通设施、通信设施等基础设施进行维护，也需要更多人力物力来满足城镇间共享公共服务需求，因此以交通、基础设施为代表的服务业在城市群模式中有了更多的发展机会。（2）城市群发展模式可促进经济的发展，经济的发展也将惠及个人，国民收入水平和消费能力随之提高，消费能力的提高进一步促进消费性服务业的繁荣与发展。（3）城市群发展模式让大城市避免“大城市病”的困扰，使其经济更发达、社会更稳定、中心地位进一步加强。由于大城市的产业结构以第三产业为主，特别是生产性服务业主要分布在大城市中，大城市的繁荣发展必然惠及其主要产业第三产业，特别是生产性服务业。

6.1.2 积极推进城市群发展模式的条件

6.1.2.1 积极推进城市群发展模式的客观条件

城市群发展模式意味着城市群内各城镇之间的联系更加紧密，各城镇之间的分工合作更加协调。因此，城镇之间的产业合作、发达便捷的基础设施与公共服务是积极推进城市群发展模式的必要条件。

首先，我国现已步入后工业化时期，产业结构由“二三一”转变为“三二一”，市场分工越来越细化，行业之间的合作与联系更加紧密，是积极推进城市群发展模式的产业基础和条件。在产业结构已经转变为“三二一”的今天，各个区域中心大城市的第三产业，特别是生产性服务业取得了较大的发展。由于大城市不但有极化效应，同样有扩散效应，周边城镇或多或少已从大城市的扩散效应中获益，并且大城市中生产性服务业的服务范围也在向周边其他城镇扩散，因而大城市与其周边城镇之间早已通过产业间的合作实现联系与交流。城市群发展模式只是在这种联系的基础上使区域内的联系更加紧密、分工更加明确、合作更加协调，而非强行将若干个城镇进行捆绑发展。因此，各城镇间现有的分工合作为实现城市群发展模式提供了产业基础和条件。事实上，以长三角、珠三角以及京津冀为代表的城市群，因为产业之间分工合作紧密，在城市群发展模式提出之前已经自发萌芽和发展成型。

其次，我国已经成为世界第二大经济体，有较为充裕的资金可用于基础设施的建设和公共服务水平的提高。基础设施是城镇之间物质交流和信息交流的载体，充足的公共基础设施和服务功能可以有效提高城镇间产业合作的效率。因此，完善的基础设施和较高的公共服务水平是城镇之间联系、分工与合作的“加速器”，也是城市群发展模式的载体条件。

6.1.2.2 积极推进城市群发展模式的主观条件

最早城市群的形成与发展是自发的，但仅依靠市场的力量培育城市群、形成城市群发展模式是不够的。一是因为市场具有盲目性，仅依靠市场力量发展城市群时间过于缓慢，在缺乏政府引导和规范的情况下还可能出现城镇间的过度竞争、重复建设与浪费现象。因此，为了更好地培育城市群、促进城市群发展模式的发展，需要政府予以适当的干预和指导，以市场为导向，有意识地通过规划、政策等稳步促进城市群的形成，修正城市群的发展方向。目前，我国政府已将城市群发展模式提升至国家战略的高度，并将其确认为新型城镇化的主体。在《国家新型城镇化规划（2014—2020）》[1]中有50次提到城市群，国家发改委计划在“十三五”期间建成19个城市群，国家发改委还多次组织开展城市群规划建设交流座谈会等。这一系列规划、文件以及行为，表明我国政府部门已经在主观上意识到推进城市群发展模式的重要性，并已积极主动投入城市群发展模式的建设与发展中。

1　国家发展与改革委员会. 国家新型城镇化规划（2014—2020年）[OL]. http://www.ndrc.gov.cn/fzgggz/fzgh/ghwb/gjjh/201404/t20140411_606659.html.

6.2 我国城市群集聚特征

6.2.1 我国城市群范围及概况

关于我国城市群的选择与培育，学界和政府在不同时期存在不同看法[1]。本书所指的中国城市群是《国家十三五规划纲要》中明确建设发展的19个城市群，包括京津冀城市群、长江三角洲城市群、珠三角湾区城市群、山东半岛城市群、海峡西岸城市群、哈长城市群、辽中南城市群、中原城市群、长江中游城市群、成渝地区城市群、关中平原城市群、北部湾城市群、山西中部城市群、呼包鄂榆城市群、黔中城市群、滇中城市群、兰州—西宁城市群、宁夏沿黄城市群、天山北坡城市群。目前，我国已经先后完成长江中游城市群、哈长城市群、成渝城市群、长江三角洲城市群、中原城市群以及北部湾城市群的发展规划。对于已经制定城市群发展规划的，本书城市群的范围划定以其为准；对于尚未公布城市群发展规划的，本书以其划定标准为依据（即以《全国主体功能区规划》中的四大功能区为基本依据，城市必须处于优化开发区和重点开发区、避开限制开发区和禁止开发区，并以地理邻近程度、中心城市辐射能力、城镇体系完善程度以及城市之间经济联系程度为考虑因素[2]）、以《城镇化

1　林东华. 基于DEA的中国城市群经济[J]. 北京理工大学学报（社会科学版），2016（6）.

2　中华人民共和国国家发展和改革委员会发展规划司. 中国今年将规划中原和北部湾两城市群共19个[OL]. http://ghs.ndrc.gov.cn/zttp/xxczhjs/ghzc/201608/t20160803_813978.html.

地区综合交通网规划》和《2016中国城市群发展报告》为参考，进行范围划定。

表6-1　我国城市群的划定范围及分类

序号	政策导向	城市群名称	空间范围
1	建设世界级城市群	京津冀城市群	北京、天津两座直辖市以及河北省的石家庄、保定、廊坊、唐山、邯郸、邢台、秦皇岛、沧州、衡水、承德、张家口
2		长江三角洲城市群	上海市，江苏省的南京、无锡、常州、苏州、南通、盐城、扬州、镇江、泰州，浙江省的杭州、宁波、嘉兴、湖州、绍兴、金华、舟山、台州，安徽省的合肥、芜湖、马鞍山、铜陵、安庆、滁州、池州、宣城等
3		珠江三角洲湾区城市群	广州、深圳、珠海、佛山、江门、东莞、中山、惠州、肇庆、香港、澳门
4	提升开放竞争水平	山东半岛城市群	济南市、青岛市、淄博市、潍坊市、东营市、烟台市、威海市、日照市
5		海峡西岸城市群	福建省全境，浙江省温州、衢州、丽水，广东省汕头、梅州、潮州、揭阳，江西省赣州

续表6-1

序号	政策导向	城市群名称	空间范围
6	发展壮大	哈长城市群	黑龙江省哈尔滨市、大庆市、齐齐哈尔市、绥化市、牡丹江市，吉林省长春市、吉林市、四平市、辽源市、松原市、延边朝鲜族自治州
7		辽中南城市群	沈阳市、大连市、鞍山市、抚顺市、本溪市、丹东市、辽阳市、营口市、盘锦市
8		中原城市群	河南省郑州市、开封市、洛阳市、平顶山市、新乡市、焦作市、许昌市、漯河市、济源市、鹤壁市、商丘市、周口市和山西省晋城市、安徽省亳州市为核心发展区；联动辐射河南省安阳市、濮阳市、三门峡市、南阳市、信阳市、驻马店市，河北省邯郸市、邢台市，山西省长治市、运城市，安徽省宿州市、阜阳市、淮北市、蚌埠市，山东省聊城市、菏泽市等中原经济区其他城市
9		长江中游城市群	湖北省武汉市、黄石市、鄂州市、黄冈市、孝感市、咸宁市、仙桃市、潜江市、天门市、襄阳市、宜昌市、荆州市、荆门市，湖南省长沙市、株洲市、湘潭市、岳阳市、益阳市、常德市、衡阳市、娄底市，江西省南昌市、九江市、景德镇市、鹰潭市、新余市、宜春市、萍乡市、上饶市，以及抚州市市区和东乡县、吉安市新干县
10		成渝城市群	重庆市的渝中、万州、黔江、涪陵、大渡口、江北、沙坪坝、九龙坡、南岸、北碚、綦江、大足、渝北、巴南、长寿、江津、合川、永川、南川、潼南、铜梁、荣昌、璧山、梁平、丰都、垫江、忠县等区（县）以及开县、云阳的部分地区，四川省的成都、自贡、泸州、德阳、绵阳（除北川县、平武县）、遂宁、内江、乐山、南充、眉山、宜宾、广安、达州（除万源市）、雅安（除天全县、宝兴县）、资阳等
11		关中平原城市群	陕西省西安市、咸阳市、宝鸡市、渭南市、铜川市、商洛市、杨凌示范区，甘肃省天水市、平凉市，山西省运城市

续表6-1

序号	政策导向	城市群名称	空间范围
12	规划引导城市群发展，形成支撑区域发展的增长极	北部湾城市群	广西壮族自治区南宁市、北海市、钦州市、防城港市、玉林市、崇左市，广东省湛江市、茂名市、阳江市和海南省海口市、儋州市、东方市、澄迈县、临高县、昌江县
13		山西中部城市群	太原、阳泉、晋中、忻州、长治、临汾、孝义、汾阳
14		呼包鄂榆城市群	呼和浩特、包头市、鄂尔多斯市和榆林市
15		黔中城市群	贵阳市、遵义市、安顺市、黔南州、黔东南州凯里市
16		滇中城市群	昆明市、曲靖市、玉溪市、楚雄州
17		兰州—西宁城市群	甘肃省内兰州市、白银市、临夏州临夏市，青海省西宁市、海东市
18		宁夏沿黄城市群	银川、石嘴山、中卫、吴忠（吴忠市区、青铜峡市）
19		天山北坡城市群	乌鲁木齐市、石河子市、克拉玛依市、奎屯市、昌吉（昌吉市、呼图壁县、玛纳斯县、阜康市）、塔城地区（沙湾县、乌苏市）、五家渠市

注：以下以政策导向为依据，将城市群分成四类，Ⅰ类城市群为建设世界级城市群，包括京津冀城市群、长江三角洲城市群及珠江三角洲湾区城市群；Ⅱ类城市群为提升开放竞争水平城市群，包括山东半岛城市群和海峡西岸城市群；Ⅲ类城市群为发展壮大城市群，包括哈长城市群、辽中南城市群、中原城市群、长江中游城市群、成渝城市群和关中城市群；Ⅳ类城市群为规划引导城市群发展，形成支撑区域发展的增长极，包括北部湾城市群、山西中部城市群、呼包

鄂榆城市群、黔中城市群、滇中城市群、兰州—西宁城市群、宁夏沿黄城市群以及天山北坡城市群。

6.2.1.1 京津冀城市群

京津冀城市群涵盖北京和天津2个直辖市，河北石家庄、保定、廊坊、唐山、邯郸、邢台、秦皇岛、沧州、衡水、承德、张家口等11个地级市，晋州、新乐等20个县级市以及1331个建制镇。2015年末，京津冀城市群的常住人口为11 142.4万，占全国8.1%；土地面积21.6万平方千米，占全国2.2%；该地区的城镇化率为62.5%，高于全国6.4个百分点；地区生产总值为69 358.9亿元人民币，占全国的10.1%；其三次产业增加值分别为3788.5亿元、26 633.7亿元、38 936.6亿元，三次产业构成为5.5∶38.4∶56.1[1]。根据《京津冀协同发展规划纲要》，京津冀协同发展是重大国家战略，其功能定位是“以首都为核心的世界级城市群”，是“区域整体协同发展改革引领区、全国创新驱动经济增长新引擎、生态修复环境改善示范区”；其空间布局为“一核、双城、三轴、四区、多节点”。其中，“一核”指北京；“双城”指北京和天津；“三轴”指京津、京保石以及京唐秦三个产业发展带和城镇聚集轴；“四区”指中部核心功能区、东部滨海发展区、南部功能拓展区和西北部生态涵养区；“多节点”指石家庄、唐山、保定、邯郸等区域性中心城市和张家口、承德、廊坊、秦皇岛、沧州、邢台、衡水等节点城市。京津冀

1　吴晓华，孟祥云，彭建强. 河北经济年鉴2016（总第32卷）[M]. 北京：中国统计出版社，2016.

城市群中，北京的定位是全国政治、文化、国际交往以及科技创新中心；天津的定位是全国先进制造研发基地、北方国际航运核心区、金融创新运营示范区以及改革开放先行区；河北省的定位是全国现代商贸物流重要基地、产业转型升级试验区、新型城镇化和城乡统筹示范区以及京津冀生态环境支撑区。

6.2.1.2 长江三角洲城市群

长江三角洲城市群涵盖范围包括上海市1个直辖市，南京、杭州和宁波3个副省级城市，江苏省无锡、常州、苏州、南通、盐城、扬州、镇江、泰州，浙江省嘉兴、湖州、绍兴、金华、舟山、台州，安徽省合肥、芜湖、马鞍山、铜陵、安庆、滁州、池州、宣城等22个地级市，义乌、常熟、巢湖等40个县级城市，以及1453个建制镇。2015年末，长三角城市群常住人口为15 097.9万，占全国总人口的11.0%；土地面积21.17万平方千米，占全国总面积的2.2%；该区域的城镇化率为69.5%，高于全国13.4个百分点；地区生产总值99 341.6亿元，占全国的14.4%；三次产业增加值分别为3416.8亿元、43 904.2亿元、52 020.7亿元，三次产业结构为3.4：44.2：52.4。根据《长江三角洲城市群发展规划》，长江三角洲城市群的定位为“面向全球、辐射亚太、引领全国的世界级城市群”；其空间布局为“一核五圈四带”，其中，“一核”指以上海为中心，“五圈”指杭州都市圈、南京都市圈、宁波都市圈、苏锡常都市圈以及合肥都市圈的同城化，“四带”则指沿海发展带、沪宁和杭甬发展带、沿江发展带以及沪杭金发展带。

6.2.1.3 珠江三角洲湾区城市群

珠江三角洲湾区城市群涵盖香港、澳门2个特别行政区，广州、深圳2个副省级城市，广东省珠海、佛山、江门、东莞、中山、惠州、肇庆7个地级市，四会等5个县级市，以及267个建制镇。截至2015年末，珠三角地区常住人口5874.3万，占全国人口的4.2%；土地面积5.5万平方千米，占全国的0.6%；该地区的城镇化率为84.6%，高于全国28.5个百分点，为我国城镇化率最高的城市群；地区生产总值为62 267.8亿元，占全国的9.0%；其三次产业增加值分别为1116.9亿元、27 136.6亿元、以及34 014.3亿元，三次产业构成为1.8：43.6 ：54.6[1]。

6.2.1.4 山东半岛城市群

山东半岛城市群涵盖济南、青岛2个副省级城市，以及山东省淄博市、潍坊市、东营市、烟台市、威海市、日照市等6个地级市，胶州市、莱阳市等20个县级市，以及403个建制镇。截至2015年末，山东半岛城市群常住人口为4495.8万，占全国总人口的3.3%；土地面积为7.5万平方千米，占全国总面积的0.8%；该地区城镇化率为63.3%，比全国高出7.2个百分点；地区生产总值为39 270.17亿元，占全国的5.7%；三次产业增加值分别为2185.7亿元、18 842.4亿元、18 242.0亿

1 由于统计口径不一致，未纳入香港和澳门的数据。广东省统计局，国家统计局广东调查总队. 广东统计年鉴2016 [M]. 北京：中国统计出版社，2016.

元，三次产业构成为5.6∶48.0∶46.5[1]。

6.2.1.5 海峡西岸城市群

海峡西岸城市群涵盖厦门1个副省级城市，福建省福州、莆田、三明、泉州、漳州、南平、龙岩、宁德，浙江省温州、衢州、丽水，广东省汕头、梅州、潮州、揭阳，江西省赣州等16个地级市，福清、瑞安、兴宁、瑞金等20个县级市，以及553个建制镇。截至2015年末，海峡西岸城市群的常住人口为7891.8万，占全国总人口的5.7%；城镇化率为59.6%，比全国平均水平高出3.5个百分点；整个区域土地面积为22.8万平方千米，占全国总面积的2.4%；地区生产总值为40 449.1亿元，占全国的5.9%；三次产业增加值分别为3236.2亿元、19 920.9亿元、17 292.0亿元，三次产业构成为8.0∶49.2∶42.8[2]。

6.2.1.6 哈长城市群

哈长城市群涵盖哈尔滨、长春2个副省级城市，黑龙江省大庆、齐齐哈尔、绥化、牡丹江，吉林省吉林、四平、辽源、松原等8个地级市，榆树市、五常市等25个县级市，以及

1　山东省统计局，国家统计局山东调查总队. 山东统计年鉴2016 [M]. 北京：中国统计出版社，2016.

2　福建省统计局，国家统计局福建调查总队. 福建统计年鉴2016 [M]. 北京：中国统计出版社，2016；浙江省统计局，国家统计局浙江调查总队. 浙江统计年鉴2016 [M]. 北京：中国统计出版社，2016；广东省统计局，国家统计局广东调查总队. 广东统计年鉴2016 [M]. 北京：中国统计出版社，2016；江西省统计局，国家统计局江西调查总队. 江西统计年鉴2016 [M]. 北京：中国统计出版社，2016.

616个建制镇。截至2015年末，哈长城市群常住人口近2000万，约占全国的1.5%；土地面积5.1万平方千米，占全国土地总面积的0.5%；该区域的城镇化率为56.5%，高于全国0.4个百分点[1]。根据《哈长城市群发展规划》，哈长城市群的定位为“东北老工业基地振兴发展重要增长极”“北方开放重要门户”“老工业基地体制机制创新先行区”“绿色生态城市群”；未来该城市群将构建“双核一轴两带”的发展空间，其中“双核”指哈尔滨和长春，“一轴”指哈长发展主轴，“两带”指哈大齐牡发展带和长吉图发展带。

6.2.1.7 辽中南城市群

辽中南城市群涵盖沈阳、大连2个副省级城市，辽宁省鞍山、抚顺、本溪、丹东、营口、辽阳和盘锦等7个地级市，新民等9个县级市，以及339个建制镇。截至2015年末，辽中南城市群常住人口为3081.4万，占全国总人口的2.2%；土地面积为8.4万平方千米，占全国总面积的0.9%；辽中南城市群的城镇化率为74.6%，高于全国平均水平的18.5个百分点；地区生产总值为24 505.9亿元，占全国的3.6%；三次产业增加值分别为1557.4亿元、11 490.0亿元、11 458.5亿元，三次产业结构为6.4∶46.9∶46.8[2]。辽中南城市群是辽宁省的核心发展区，也将是东北老工业基地振兴发展的核心城市群与先行

---

1 国家发展改革委，住房城乡建设部. 哈长城市群发展规划[OL]. http://www.ndrc.gov.cn/zcfb/zcfbtz/201603/W020160311487622568348.pdf.

2 辽宁省统计局，国家统计局辽宁调查总队. 辽宁统计年鉴2016[M]. 北京：中国统计出版社，2016.

区，为面向东北亚的重要枢纽。

6.2.1.8 中原城市群

中原城市群涵盖河南省郑州、开封、洛阳、平顶山、新乡、焦作、许昌、漯河、鹤壁、商丘、周口、安阳、濮阳、三门峡、南阳、信阳、驻马店，山西省晋城、长治、运城，安徽省亳州、宿州、阜阳、淮北、蚌埠，山东省聊城、菏泽，河北省邯郸、邢台等29个地级市，济源、高平、界首、临清、武安等30个县级市，以及2047个建制镇。截至2015年末，中原城市群的常住人口为16 096.8万，占全国总人口的11.7%；土地面积为28.5万平方千米，占全国总面积的3.0%；该地区的城镇化率为46.5%，比全国平均水平低9.6个百分点；该城市群地区生产总值为60 548.71亿元，占全国的8.8%；三次产业增加值分别为7030.9亿元、29 880.7亿元、23 758.5亿元，其三次产业构成为11.6∶49.3∶39.2[1]。根据《中原城市群发展规划》，中原城市群的定位是“着眼国家现代化建设全局，发挥区域比较优势，强化创新驱动、开放带动和人才支撑，提升综合交通枢纽、产业创新中心地位，打造资源配置效率高、经济活力强、具有较强竞争力和影响力的国家级城市群”，“经济发展新增长极”、“重要的先进制造业和现代服务业基地”、“中西部地区创新创业先行区”、“内陆地区双向开放新高地”以及“绿色生态发展示

1　河南省统计局，国家统计局河南调查总队. 河南统计年鉴2016 [M]. 北京：中国统计出版社，2016；山东省统计局，国家统计局山东调查总队. 山东统计年鉴2016 [M]. 北京：中国统计出版社，2016.

范区”。未来中原城市群将构建“一核四轴四区”的空间布局，在支持郑州建设国家中心城市的同时构建“郑州大都市区”，重点发展“陇海发展主轴”“沿京广发展主轴”，同时兼顾“济南—郑州—重庆发展轴”“太原—郑州—合肥发展轴”，并构建“城镇协同发展区”。

6.2.1.9 长江中游城市群

长江中游城市群涵盖武汉市1个副省级城市，湖北黄石、鄂州、黄冈、孝感、咸宁、襄阳、宜昌、荆州、荆门，湖南省长沙、株洲、湘潭、岳阳、益阳、常德、衡阳、娄底，江西省南昌、九江、景德镇、鹰潭、新余、宜春、萍乡、上饶等25个地级市，仙桃、浏阳、瑞昌等40个县级市，以及1642个建制镇。截至2015年末，长江中游城市群的常住人口为12 123.4万，占全国总人口的9.0%；其土地面积为31.2万平方千米，占全国总面积的3.3%；城镇化率为55.7%，比全国平均水平低0.4个百分点；该城市群的地区生产总值为64 696.4亿元，占全国的9.4%；其三次产业增加至分别为6169.1亿元、32 779.6亿元、25 747.7亿元，三次产业构成为9.5：50.7：39.8[1]。根据《长江中游城市群发展规划》，长江中游城市群将建设成为“中国经济新增长极”、“中西部新型城镇化先行区”、“内陆开放合作示范区”以及“‘两型’社会建设

1 湖北省统计局，国家统计局湖北调查总队. 湖北统计年鉴2016 [M]. 北京：中国统计出版社，2016；湖南省统计局，国家统计局湖南调查总队. 湖南统计年鉴2016 [M]. 北京：中国统计出版社，2016；江西省统计局，国家统计局江西调查总队. 江西统计年鉴2016 [M]. 北京：中国统计出版社，2016.

引领区”；其在建设武汉城市圈、环长株潭城市群以及环鄱阳湖城市群的同时，“依托沿江、沪昆和京广、京九、二广‘两横三纵’重点发展轴线，形成沿线大中城市和小城镇合理分工、联动发展的格局”。

6.2.1.10 成渝城市群

成渝城市群涵盖重庆1个直辖市，成都1个副省级城市，四川省成都、自贡、泸州、德阳、遂宁、内江、乐山、南充、眉山、宜宾、广安、资阳、绵阳、达州、雅安等14个地级市，广汉等12个县级市，以及2055个建制镇。截至2015年末，成渝城市群的常住人口为9297.8万，占全国总人口的6.7%；土地面积18.5万平方千米，占全国总面积的1.9%；该地区城镇化率为54.2%，比全国平均水平低1.9个百分点；地区生产总值为41 839.1亿元，占全国的6.1%；其三次产业增加值分别为4014.1亿元、20 998.9亿元、16 826.1亿元，三次产业构成为9.6∶50.2∶40.2[1]。根据《成渝城市群发展规划》，成渝城市群定位为“全国重要的现代产业基地”“西部创新驱动先导区”“内陆开放型经济战略高地”“统筹城乡发展示范区”“美丽中国的先行区”；将打造“一轴两带、双核三驱”的空间格局，“一轴”是指成渝发展主轴，“两带”是指沿长江城市带和成绵乐城市带，“双核”是指重庆和成都，“三驱”则是指川南城镇密集区、南遂广城镇密集区以

1 重庆市统计局，国家统计局重庆调查总队. 重庆统计年鉴2016 [M]. 北京：中国统计出版社，2016；四川省统计局，国家统计局四川调查总队. 四川统计年鉴2016 [M]. 北京：中国统计出版社，2016.

及万达城镇密集区。

6.2.1.11 关中平原城市群

关中平原城市群涵盖西安1个副省级城市，陕西省咸阳、宝鸡、渭南、铜川、商洛，甘肃省天水、平凉，山西省运城等8个地级市，兴平、永济等5个县级市，以及679个建制镇。截至2015年末，关中平原城市群常住人口为3689.3万，占全国总人口的2.7%；土地面积为11.4万平方千米，占全国总面积的1.2%；城镇化率为52.9%，低于全国平均水平3.2个百分点；该区域地区生产总值为16 298.0亿元，占全国的2.4%；三次产业增加值分别为1607.4亿元、7632.7亿元、7057.9亿元，三次产业结构为9.9∶46.8∶43.3[1]。关中城市群不但是陕西的核心发展区，也是西部地区第二大城市群，未来将建成为“一带一路”上的重要战略节点、西部重要的制造业基地以及华夏文明传承区。

6.2.1.12 北部湾城市群

北部湾城市群涵盖广西壮族自治区南宁市、北海市、钦州市、防城港市、玉林市、崇左市，广东省湛江市、茂名市、阳江市和海南省海口市、儋州市等11个地级市，吴川、东兴、东方等11个县级市，以及538个建制镇。截至2015年

1 陕西省统计局，国家统计局陕西调查总队. 陕西统计年鉴2016 [M]. 北京：中国统计出版社， 2016；甘肃省统计局，国家统计局甘肃调查总队. 甘肃统计年鉴2016 [M]. 北京：中国统计出版社，2016；山西省统计局，国家统计局山西调查总队. 山西统计年鉴2016 [M]. 北京：中国统计出版社，2016.

末，北部湾城市群常住人口4141万，占全国总人口的3.0%；其陆域面积为11.66万平方千米，海岸线4234千米，还包括相应海域；地区生产总值16 295亿元，占全国的2.25%[1]。根据《北部湾城市群发展规划》，北部湾城市群的定位为“发挥地缘优势，挖掘区域特质，建设面向东盟、服务‘三南’（西南、中南、华南）、宜居宜业的蓝色海湾城市群”；其空间布局为“一湾双轴、一核两极”，其中“一湾”是指环北部湾沿海地区，“双轴”是指南北钦防、湛茂阳城镇发展轴，“一核”是指南宁，“两极”则是以海口和湛江为中心的两个增长极。北部湾城市群将坚持绿色理念改造提升传统产业，大力发展海洋经济。

6.2.1.13 山西中部城市群

山西中部城市群涵盖山西省太原、阳泉、晋中、忻州、长治、临汾等6个地级市，孝义、汾阳等8个县级市，以及318个建制镇。截至2015年末，山西中部城市群常住人口为2096.0万，占全国总人口的1.5%；土地面积8.9万平方千米，占全国总面积的0.9%；该地区的城镇化率为57.8%，高于全国1.7个百分点；地区生产总值为7840.8亿元，占全国的1.1%；其三次产业增加值分别为384.6亿元、3505.8亿元、3950.5亿元，三次产业结构为4.9∶44.7∶50.4[2]。山西中部城市群是山

1　国家发展与改革委员会. 北部湾城市群发展规划[OL]. http://www.ndrc.gov.cn/zcfb/zcfbghwb/201702/t20170216_838010.html.

2　山西省统计局，国家统计局山西调查总队. 山西统计年鉴2016[M]. 北京：中国统计出版社，2016.

西省的核心发展区，未来将建设成为国家重要能源基地、先进制造业基地以及内陆—环渤海联动发展重要增长极。

6.2.1.14 呼包鄂榆城市群

呼包鄂榆城市群涵盖内蒙古呼和浩特、包头、鄂尔多斯，陕西省榆林市等4个地级城市，以及232个建制镇。截至2015年末，呼包鄂榆城市群常住人口为1133.5万，占全国总人口的0.8%；土地面积17.5万平方千米，占全国总面积的1.8%；该地区的城镇化率为68.5%，高于全国平均水平12.4个百分点；地区生产总值为13 530.5亿元，占全国的2.0%；其三次产业增加值分别为469.9亿元、6591.4亿元以及6469.1亿元，三次产业结构为3.5∶48.7 ∶47.8[1]。呼包鄂榆城市群是黄河流域重要的城市群，未来将建成全国重要的能源基地、农畜产品加工基地以及国家向北开放的战略高地。

6.2.1.15 黔中城市群

黔中城市群涵盖贵州省贵阳市、遵义市安顺市3个地级市，都匀市、凯里市等6个县级市，以及358个建制镇。截至2015年末，黔中城市群常住人口为1690.8万，占全国总人口的1.2%；土地面积为7.6万平方千米，占全国总面积的0.8%；该区域城镇化率为50.5%，低于全国平均水平5.6个百分点；

1　内蒙古统计局. 2016内蒙古统计年鉴 [M]. 北京：中国统计出版社，2016；陕西省统计局，国家统计局陕西调查总队. 陕西统计年鉴2016 [M]. 北京：中国统计出版社，2016；国家统计局城市社会经济调查司. 中国城市统计年鉴2016[M]. 北京：中国统计出版社，2016.

地区生产总值为6903.7亿元，占全国的1.0%；其三次产业增加值分别为763.5亿元、2705.4亿元、3434.7亿元，三次产业结构为11.1∶39.2∶49.8[1]。黔中城市群是贵州省的核心发展区域，未来将建成全国重要的资源加工基地以及国家旅游创新区，并成为西南重要的商贸中心。

6.2.1.16 滇中城市群

滇中城市群涵盖云南省昆明、曲靖和玉溪3个地级市，安宁、宣威和楚雄3个县级市，以及182个建制镇。截至2015年末，滇中城市群的常住人口为1781.9万，占全国总人口的1.3%；其土地面积为9.1万平方千米，占全国总面积的0.9%；该地区的城镇化率为53.8%，低于全国2.3个百分点；地区生产总值为7151.8亿元，占全国的1.0%；其三次产业增加值分别为755.75亿元、3136.94亿元、3259.14亿元，三次产业结构为10.6∶43.9∶45.6[2]。滇中城市群是云南省的发展中心，未来将成为我国西部地区较具竞争力的、特色鲜明的城市群，也将成为西南地区对外开放的桥头堡。

---

1 贵州省统计局，国家统计局贵州调查总队. 贵州统计年鉴2016[M]. 北京：中国统计出版社，2016；国家统计局城市社会经济调查司. 中国城市统计年鉴2016[M]. 北京：中国统计出版社，2016.

2 云南省统计局，国家统计局云南调查总队. 云南统计年鉴2016[M]. 北京：中国统计出版社，2016；国家统计局城市社会经济调查司. 中国城市统计年鉴2016[M]. 北京：中国统计出版社，2016.

6.2.1.17 兰州—西宁城市群

兰州—西宁城市群涵盖甘肃省兰州、白银，青海省西宁、海东4个地级市，临夏1个县级市，以及142个建制镇。截至2015年末，兰州—西宁城市群的常住人口为945.0万，占全国总人口的0.7%；土地面积5.6万平方千米，占全国总面积的0.6%；该城市群的城镇化率为63.1%，高于全国平均水平7个百分点；其地区生产总值为4107.7亿元，占全国的0.6%；三次产业增加值分别为209.2亿元、1723.6亿元、2174.8亿元，其三次产业构成为5.1∶42.0∶52.9[1]。兰州—西宁城市群是甘肃和青海的核心发展区，未来将建成“一带一路”上知名的战略节点，成为西北地区交通枢纽、商贸中心以及科技创新中心。

6.2.1.18 宁夏沿黄城市群

宁夏沿黄城市群涵盖宁夏回族自治区银川、石嘴山、中卫和吴忠4个地级市，青铜峡市1个县级市，以及71个建制镇。截至2015年末，该地区总人口为498.8万，占全国总人口的0.4%；其土地面积为3.9万平方千米，占全国总面积的0.4%；该城市群城镇化率为62.4%，比全国平均水平高出6.3个百分点；地区生产总值为2585.8亿元，占全国的0.4%；其三次产业增加值分别为175.7亿元、1401.2亿元、1008.9亿

1　甘肃省统计局，国家统计局甘肃调查总队. 甘肃统计年鉴2016 [M]. 北京：中国统计出版社，2016；青海省统计局，国家统计局青海调查总队. 青海统计年鉴2016 [M]. 北京：中国统计出版社，2016；国家统计局城市社会经济调查司. 中国城市统计年鉴2016[M]. 北京：中国统计出版社，2016.

元，三次产业构成为6.8：54.2：39.0[1]。宁夏沿黄城市群是宁夏回族自治区的核心区域，未来将成为全国重要的能源化工、新材料基地，清真食品及穆斯林用品和特色农产品加工基地，区域性商贸物流中心。

6.2.1.19 天山北坡城市群

天山北坡城市群涵盖新疆维吾尔自治区乌鲁木齐、克拉玛依2个地级市，石河子等6个县级市，以及35个建制镇。截至2015年末，天山北坡城市群总人口为534.2万，占全国总人口的0.4%；其城镇化率为68.0%，高于全国平均水平11.9个百分点；其地区生产总值为4890.5亿元，占全国的0.7%；其三次产业增加值分别为377.6亿元、1917.2亿元、2595.7亿元，其三次产业构成为7.7：39.2：53.1[2]。天山北坡城市群将是我国面向中亚及西亚地区的重要门户、交通枢纽及能源基地，也将成为西北地区重要的国际商贸中心、制造业中心和物流中心。

6.2.2 城市群空间集聚特征

6.2.2.1 城市群集聚特征指标的选取

从对经济效率的影响角度来看，城市群的空间集聚特征可从规模、单中心—多中心、集聚—扩散、紧密—松散以及

1 宁夏回族自治区统计局，国家统计局宁夏调查总队. 宁夏统计年鉴2016 [M]. 北京：中国统计出版社，2016.

2 新疆维吾尔自治区统计局. 新疆统计年鉴2016 [M]. 北京：中国统计出版社，2016.

差距—均衡等五个维度进行判定[1]。本书选取城市基尼系数和城市首位度对城市空间集聚特征进行分析，这是因为城市基尼系数反映了城市群空间的整体分布特征，而城市首位度则反映了城市群内部首位城市对城市群的影响。

城市基尼系数的计算公式为：

$$G=\frac{T}{2S(n-1)}$$

其中，G表示城市群的集中程度；

T表示城市群中每个城市之间的人口规模之差的绝对值总和；

S表示城市群的人口总规模；

n表示城市个数。

基尼系数的取值范围为0到1之间。指数越接近1，表示城市规模越集中；相反，指数越接近0，表示城市规模越分散；一般而言，基尼系数大于等于0.6表示城市人口规模分布极不均衡[2]。

城市首位度有二城市指数法、四城市指数法以及十一城市指数法。虽然四城市指数法和十一城市指数法的结果比二城市指数法更为全面，但是并没有显著优势，因而简单实用的二城市指数法被广泛应用。本书亦采用二城市指数法进行计算，计算公式为：

---

1 陈金英. 中国城市群空间结构及其对经济效率的影响研究[D]. 长春：东北师范大学，2016.

2 苏飞，张平宇. 辽中南城市群城市规模分布演变特征[J]. 地理科学，2010（6）.

$$S = P_1 / P_2$$

其中，S表示首位度；

P_1表示首位城市的人口规模；

P_2表示第二位城市的人口规模。

根据位序—规模法则，二城市指数法计算所得的值为2。首位度越高，意味着首位城市的人口越集中，对城市群的影响越大；首位度越低，人口越分散，首位城市对城市群的影响越小；一般而言，首位度不应大于2[1]。

6.2.2.2 数据来源

本节数据来源于2007—2015年中国城市统计年鉴，其中地级及以上城市人口为市辖区人口数据。

6.2.2.3 城市群空间整体分布特征——城市基尼系数分析

通过城市基尼系数对2007—2015年期间我国19个城市群进行计算，所得结果如表6-2和表6-3所示：

1 陈金英. 中国城市群空间结构及其对经济效率的影响研究[D]. 长春：东北师范大学，2016.

表6-2　2007—2015年我国城市群城市基尼系数

	2007	2008	2009	2010	2011	2012	2013	2014	2015
京津冀城市群	0.2729	0.2754	0.2757	0.2716	0.2734	0.2732	0.2738	0.2815	0.2934
长三角城市群	0.1987	0.1992	0.2027	0.2033	0.2070	0.2104	0.2154	0.2192	0.2246
珠三角湾区城市群	0.2445	0.2424	0.2435	0.2445	0.2467	0.2475	0.2502	0.2515	0.2547
山东半岛城市群	0.1539	0.1561	0.1564	0.1563	0.1566	0.1695	0.1651	0.1679	0.1689
海峡西岸城市群	0.2130	0.2138	0.2142	0.2146	0.2176	0.2166	0.2108	0.2096	0.2026
哈长城市群	0.2282	0.2261	0.2288	0.2291	0.2294	0.2307	0.2272	0.2281	0.2405
辽中南城市群	0.1845	0.1860	0.1862	0.1859	0.1850	0.1870	0.1885	0.1888	0.2054
中原城市群	0.1521	0.1524	0.1534	0.1671	0.1674	0.1721	0.1678	0.1688	0.1576
长江中游城市群	0.1601	0.1607	0.1595	0.1635	0.1598	0.1656	0.1664	0.1665	0.1686
成渝城市群	0.2744	0.2745	0.2747	0.2756	0.2843	0.2811	0.2796	0.2828	0.2942
关中平原城市群	0.2438	0.2480	0.2487	0.2488	0.2481	0.2486	0.2493	0.2505	0.2571
北部湾城市群	0.1544	0.1539	0.1548	0.1541	0.1543	0.1546	0.1550	0.1685	0.1620
山西中部城市群	0.2092	0.2097	0.2104	0.2103	0.2086	0.2082	0.2075	0.2083	0.2080
呼包鄂榆城市群	0.2094	0.2078	0.2062	0.2041	0.2032	0.2031	0.2018	0.2009	0.2048

续表6-2

	2007	2008	2009	2010	2011	2012	2013	2014	2015
黔中城市群	0.1882	0.1887	0.1894	0.1887	0.1895	0.1904	0.1927	0.192	0.2007
滇中城市群	0.2409	0.2442	0.2473	0.2448	0.2496	0.2549	0.2554	0.2555	0.2560
兰州—西宁城市群	0.2660	0.2650	0.2643	0.2636	0.2581	0.2647	0.2844	0.2835	0.2491
宁夏沿黄城市群	0.1478	0.1473	0.1482	0.1559	0.1581	0.1580	0.1582	0.1614	0.1637
天山北坡城市群	0.3082	0.3074	0.3073	0.3085	0.3109	0.3106	0.3117	0.3121	0.3221

表6-3　2007—2015年我国城市群基尼系数的统计描述

	2007	2008	2009	2010	2011	2012	2013	2014	2015
最大值	0.3082	0.3074	0.3073	0.3085	0.3109	0.3106	0.3117	0.3121	0.3221
最小值	0.1478	0.1473	0.1482	0.1541	0.1543	0.1546	0.1550	0.1614	0.1576
综合平均值	0.2132	0.2136	0.2143	0.2153	0.2162	0.2183	0.2190	0.2209	0.2228
Ⅰ类城市群平均值	0.2387	0.2390	0.2406	0.2398	0.2424	0.2437	0.2465	0.2507	0.2576
Ⅱ类城市群平均值	0.1835	0.1850	0.1853	0.1855	0.1871	0.1931	0.1880	0.1888	0.1858
Ⅲ类城市群平均值	0.1993	0.2003	0.2008	0.2029	0.2039	0.2071	0.2047	0.2058	0.2090
Ⅳ类城市群平均值	0.2155	0.2155	0.2160	0.2163	0.2165	0.2181	0.2208	0.2228	0.2208

从整体来看，2007年以来我国城市群的城市基尼系数均小于0.4，表示我国城市群人口的空间分布整体比较均衡；但是，全国城市群基尼系数平均值有不断增大的趋势，从2007年的0.2132增加至2015年的0.2228。除海峡西岸城市群、北部湾城市群、呼包鄂榆城市群以及兰州—西宁城市群等4个城市群，其余15个城市群的城市基尼系数都在增大，这意味着我国城市群的城市人口分布趋向不均衡。2007年以来，天山北坡城市群的城市基尼系数最高，其值均高于0.3；其次为京津冀城市群，其值位于0.27～0.3之间，说明这两个城市群中城市人口的分布相对不均衡。北部湾城市群和宁夏沿黄城市群的城市基尼系数相对较低，其值均低于0.17，除2015年中原城市群的值略低于这两个城市群以外，其他各年份最小值都落在这两个城市群内，表明这两个城市群的城市人口分布相对均衡。

从城市群分类来看，Ⅰ类城市群基尼系数平均值明显高于其他三类城市群，Ⅳ城市群、Ⅲ类城市群、Ⅱ类城市群基尼系数平均值较小。但就发展趋势来看，无论哪一类城市群组的城市基尼系数平均值都在增大，这也印证了前文所述我国城市群中城市人口分布趋向于不均衡的结论。分类的城市基尼系数与变化趋势与城市群的经济发展是一致的。Ⅰ类城市群由我国最发达的三个城市群组成，相对较高的城市基尼系数也说明城市人口趋于向大城市集聚；Ⅳ类城市群的城市基尼系数也较大，这是因为相对而言Ⅳ城市群的经济较不发达，中心城市的优势较为明显，人口向中心城市集聚，城市人口分布不均衡。不同分类城市群的发展趋势详见图6-1：

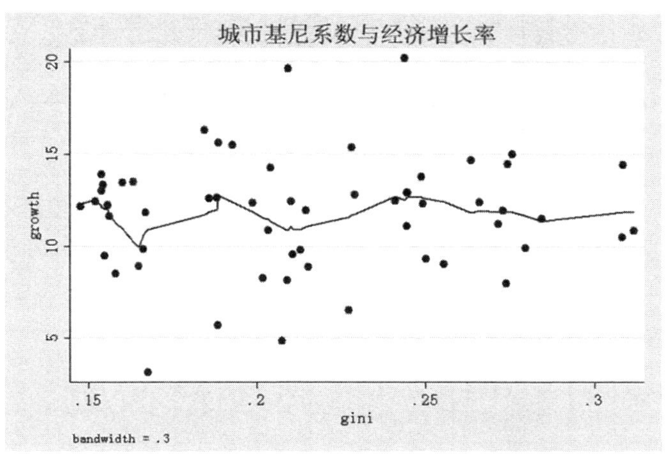

图6-1 2007—2015年我国四类城市群的城市基尼系数

6.2.2.4 城市群内部特征——城市首位度分析

通过二城市指数法城市首位度对我国19个城市群进行计算，所得结果如表6-4和表6-5所示：

表6-4 2007—2015年我国城市群城市首位度

	2007	2008	2009	2010	2011	2012	2013	2014	2015
京津冀城市群	1.4529	1.4597	1.4630	1.4710	1.4787	1.5095	1.5154	1.5152	1.3100
长三角城市群	2.4498	2.4420	2.4391	2.4498	2.4485	2.4551	2.1211	2.1133	2.1055
珠三角湾区城市群	1.7635	1.7726	1.7808	1.7911	1.7911	1.7951	1.7993	1.8024	2.1960
山东半岛城市群	1.2713	1.2591	1.2492	1.2447	1.2443	1.0332	1.0310	1.0263	1.0228
海峡西岸城市群	2.2284	2.2300	2.2315	2.2225	2.2119	2.2076	2.2041	2.2158	2.2069
哈长城市群	1.3277	1.4388	1.3102	1.3006	1.2925	1.2986	1.3018	1.2949	1.2582
辽中南城市群	1.7205	1.7063	1.6961	1.6940	1.7472	1.7450	1.7417	1.7364	1.3363
中原城市群	1.3625	1.3763	1.3955	2.4642	2.5217	2.7504	2.3940	2.3804	1.5444
长江中游城市群	2.2758	2.1501	2.1372	2.1538	1.7358	1.7221	1.7127	1.6965	1.6195
成渝城市群	3.0356	3.0079	2.9620	2.8829	3.2500	3.2102	3.1634	3.3423	3.0497
关中平原城市群	4.4144	3.9866	3.9724	3.9401	3.9693	3.9944	4.0460	4.1294	4.3664

续表6-4

	2007	2008	2009	2010	2011	2012	2013	2014	2015
北部湾城市群	1.5481	1.5726	1.5826	1.5898	1.5769	1.6058	1.5937	1.0021	1.0008
山西中部城市群	3.4214	3.4208	3.4233	3.4100	3.3734	3.5248	3.5347	3.5682	3.5227
呼包鄂榆城市群	1.2158	1.2036	1.1910	1.1820	1.1747	1.1902	1.1750	1.1502	1.1962
黔中城市群	2.5583	2.5688	2.5649	2.5585	2.5566	2.5610	2.5810	2.5719	1.8024
滇中城市群	1.6370	1.6741	1.7151	1.7596	1.8356	1.8060	1.8090	1.8103	1.8260
兰州—西宁城市群	1.9411	1.8714	1.8441	2.0752	1.7252	2.2484	1.9944	2.5558	2.1751
宁夏沿黄城市群	1.9210	1.9677	2.0128	2.0807	2.1269	2.0745	2.2725	2.3488	2.5054
天山北坡城市群	3.4954	3.5908	3.6517	3.7076	3.9290	4.0613	6.7757	6.6821	6.6634

表6-5　2007—2015年我国城市群城市首位度的统计描述

	2007	2008	2009	2010	2011	2012	2013	2014	2015
最大值	4.4144	3.9866	3.9724	3.9401	3.9693	4.0613	6.7757	6.6821	6.6634
最小值	1.2158	1.2036	1.1910	1.1820	1.1747	1.0332	1.0310	1.0021	1.0008
综合平均值	2.1600	2.1421	2.1380	2.2094	2.2100	2.2523	2.3561	2.3654	2.2478
Ⅰ类城市群平均值	1.8887	1.8914	1.8943	1.9040	1.9061	1.9199	1.8119	1.8103	1.8705
Ⅱ类城市群平均值	1.7499	1.7446	1.7404	1.7336	1.7281	1.6204	1.6176	1.6211	1.6149
Ⅲ类城市群平均值	2.3561	2.2777	2.2456	2.4059	2.4194	2.4535	2.3933	2.4300	2.1958
Ⅳ类城市群平均值	2.2173	2.2337	2.2482	2.2954	2.2873	2.3840	2.7170	2.7112	2.5865

从整体来看，2007年以来我国城市群城市首位度分布范围从1.0008至6.7757不等，其中历年首位度最大值都落在天山北坡城市群和关中平原城市群内，首位度最小值都落在北部湾城市群、山东半岛城市群以及呼包鄂榆城市群内。京津冀城市群、山东半岛城市群、哈长城市群、辽中南城市群、北部湾城市群以及滇中城市群历年的城市首位度都在2以内，表明其首位城市对城市群的影响相对合理；长江三角洲城市群、海峡西岸城市群、成渝城市群、关中平原城市群、山西中部城市群、兰州—西宁城市群、宁夏沿黄城市群以及天山北坡城市群历年城市首位度值均高于2，表明这些城市群的中心城市影响力过大，人口分布过于集中，尤其是天山北坡城市群2013—2015年的城市首位度大于6，表明其人口过度集中在中心城市。从单个城市群来看，仅天山北坡城市群的值明显增大，滇中城市群、兰州—西宁城市群以及宁夏沿黄城市群的值稍有增大，其他各城市群的值都在减少，说明整体上我国城市群的城市人口向中心城市集聚的趋势有所减缓，城市人口分布向合理化方向发展。此外，2007—2015年期间城市群的平均首位度都大于2，且2015年比2007年趋于增大，这是因为天山北坡城市群的值过高，影响了城市群的整体表现。

从分类来看，城市群平均值从高到低排列分别为Ⅳ类城市群、Ⅲ类城市群、Ⅰ类城市群和Ⅱ类城市群。Ⅰ类城市群和Ⅱ类城市群的首位度小于2，城市群人口分布相对合理，为多中心城市群。Ⅳ类城市群和Ⅲ类城市群的城市首位度都大于2，表明Ⅳ类城市群和Ⅲ类群人口过于集中于首位城市，为单中心城市群。Ⅰ类城市群、Ⅱ类城市群和Ⅲ类城市群的城市首位度趋于下降，表明这三类城市群的人口趋向于分散，人口向非首位城市流动；Ⅳ类城市群的城市首位度趋于上升，表明这类城市群的人口趋于集中，人口向首位城市流动。不同分类城市群的发展趋势详见图6-2：

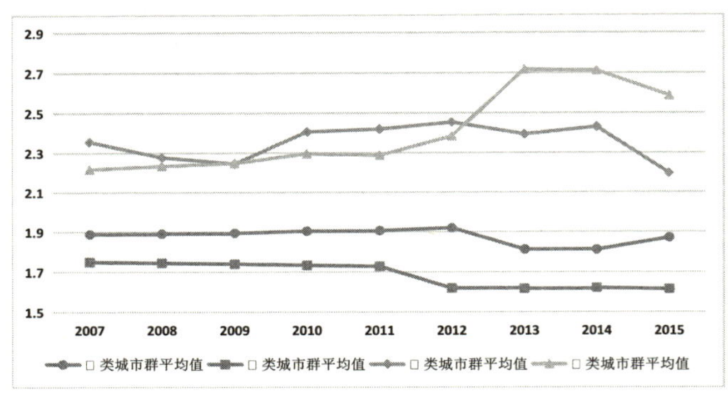

图6-2 2007—2015年我国四类城市群的城市首位度

6.3 我国城市群空间集聚与经济增长的相关性分析

6.3.1 方法的选取

本书选取局部加权回归散点平滑法（Lowess）对城市空间集聚与经济增长之间的关系进行分析。Lowess由克里夫兰（Cleveland）于1979年首次提出，是一种用加权最小平方方法对局部进行拟合的方法[1]。Lowess不预设函数模型，可对任何数据都进行拟合，相比参数法，能更准确地反应变量之间的关系。Lowess的宽度可灵活调整，但宽度决定了拟合曲线的性质：一般来说，宽度越大，所拟合的曲线越平滑、噪音越小、越能表现数据的大趋势，但对数据的细微变化分辨率较低；宽度越窄，拟合曲线越粗糙、对数据的细微变化分辨率越高，但是噪音大，对数据的大趋势反应能力较弱[2]。

本书对每一个点计算一阶多项式回归参数估计值$\hat{\beta}_j(x_i)$，使$\sum_k^n W_k(x_i)(y_k-\beta_0-\beta_1 x)^2$最小，得到$x_i$的一阶局部加权回归平滑值$\hat{y}_i$，之后再用新权重对i点重新计算平滑值$\hat{y}_i$，重复两次迭代得到局部权重回归拟合值[3]。

6.3.2 数据来源

本节空间集聚数据由上节整理分析所得，经济增长数据通过历年县级及以上统计年鉴、统计公报以及城市统计年鉴整理获得，个别县个别年份数据的缺失采用直线插值法补全。

---

1 William S. Cleveland. Robust Locally Weighted Regression and Smoothing Scatterplots [J]. *Journal of the American Statistical Association*, 1979 (368).

2 张颖. 统计学中回归分析及相关内容的教改思考——兼介绍LOESS回归[J]. 统计与信息论坛，2000（2）.

3 李佳洺，张文忠，孙铁山，张爱平. 中国城市群集聚特征与经济绩效[J]. 地理学报，2014（4）.

6.3.3 相关性分析

6.3.3.1 数据的选取

由于空间集聚与经济增长具有因果关系[1]，本书拟分析第t期的空间集聚与第（t+1）期的经济增长的关系，第（t+1）期的经济增长率为这一时期的平均增长率。具体来说，在分析时，用2007、2010以及2013年的空间集聚特征分别对应2007—2009、2010—2012以及2013—2015年期间的经济增长率。

6.3.3.2 城市群空间集聚与经济增长的相关性分析

根据Lowess分析的结果，所有城市群基尼系数与经济增长并不存在明显的相关性，详见图6–3（a）。所有城市群城市首位度与经济增长呈现二次相关性，第一次峰值出现在城市首位度值为1.6左右，第二次峰值出现在城市首位度值为4.2左右，但是第二次峰值的特征并不明显，详见图6–3（b）。这说明城市群整体的空间集聚状况与经济增长并不相关，但是首位城市影响城市群的经济增长，中心城市过大或者中心城市太弱都将影响经济的增长。

1 Masahisa Fujita, Paul R. Krugman, and Anthony J. Venables. *The Spatial Economy, Cities, Region and International Trade* [M]. London: The MIT Press, 1990.

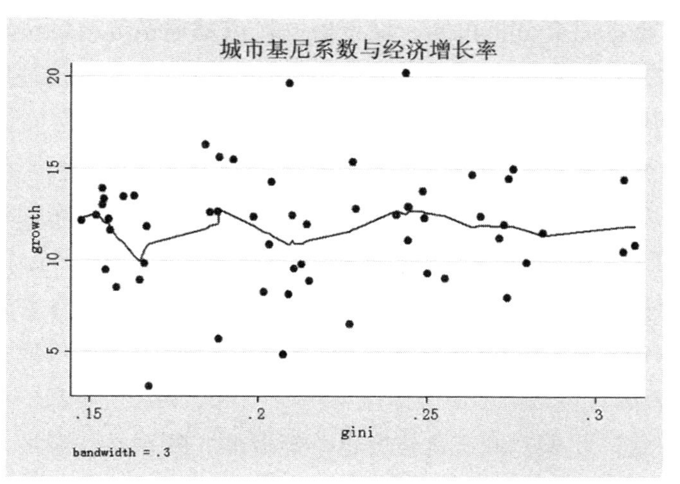

图6-3（a） 2009—2015年所有城市群的城市基尼系数与经济增长率

Lowess分析

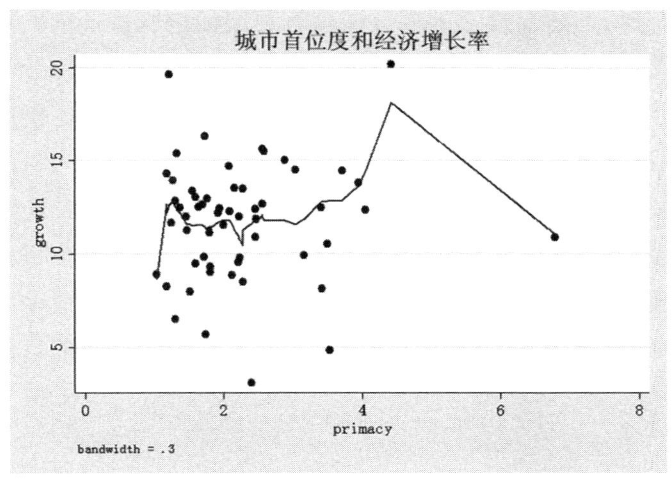

图6-3（b） 2009—2015年所有城市群的城市首位度与经济增长率

Lowess分析

根据以上分析可知，城市群的城市基尼系数与经济增长没有呈现出显著的相关关系。由于我国城市群的城市基尼系数都低于0.6，即我国所有城市群的城市人口规模分布并未处于极不均衡的状态，结合我国城市群城市基尼系数与经济增长的关系，可以得出结论：只要城市人口规模分布并非极不均衡，城市的人口规模分布就不会影响经济增长。其次，城市群的首位城市与经济增长呈二次相关关系，且在首位度值为1.6左右，经济增长率达峰值。这与城市首位度不应高于2，否则首位城市的虹吸效应将阻碍城市群的经济增长的结论相一致。此外，城市首位度也不能过低，特别是在经济不发达区域，过低的城市首位度将无法发挥集聚效应，不能通过增长极的经济增长带动城市群的经济增长。

我国城市群城市集聚特征与经济增长的关系也印证了之前的分析，适当规模的首位城市有利于促进城市群内的经济增长，但城市只是产业的载体，城市群内人口的整体分布情况并不是促进经济增长的主要原因，城市群内产业的发展才是经济增长的主要原因。因此，在城镇化过程中，人口的流动是辅助和支撑产业发展与升级的手段，对直接促进经济增长的意义不大。在建设城市群的过程中，应该更多考虑产业的承接、转移与合作，除首位城市应该控制人口流动以避免“大城市病”以外，其他城市之间不应阻碍人口的自由流动。

6.4 本章小结

本章采用定性分析与定量分析相结合的方法对我国选择城市群发展模式的原因和条件以及城市群发展模式的现状进行了较为详细的分析。

首先，通过定性分析归纳出了我国积极推进城市群发展模式的原因及条件。一是遵循城镇化模式的发展机理是我国应积极推进城市群发展模式的根本原因，二是国外城镇化模式的经验为我国积极推进城市群发展模式提供了参考依据，三是解决我国现有城镇化模式中存在的问题成为积极推进城市群发展模式的现实要求，四是城市群发展模式能够满足社会经济发展对城镇化模式的宏观要求。并且，我国已经具备了积极推进城市群发展模式的客观条件和主观条件。所以，积极推进城市群发展模式是我国城镇化模式的必然选择。

其次，通过定量分析总结了我国城市群的集聚特征。以发展改革委员会的划定标准为依据，以《城镇化地区综合交通网规划》和《2016中国城市群发展报告》为参考，对《国家十三五规划纲要》中明确建设发展的19个城市群范围进行了划定，并对各个城市群的人口、土地、城镇化率以及经济发展状况等进行了简单的概括。在此基础上，利用城市基尼系数和城市首位度对城市群的整体以及分组的空间集聚特征进行了分析。发现我国的城市人口整体上分布较为均衡，但是有向非均衡发展的趋势；从整体上来看，我国城市人口向首位城市集中的趋势有所减缓，城市人口分布趋向合理化，但是Ⅳ类城市群和Ⅲ类城市群的城市首位度都大于合理指数临界值2，人口过度集中于首位城市。

最后，本章采用局部加权回归散点平滑法对我国城市群空间集聚与经济增长的关系进行了实证分析。我国城市群的基尼系数与经济增长没有显著的相关性，城市首位度与经济增长有二次相关关系，且最优城市首位度值为1.6左右。表明只要城市人口规模分布并非极不均衡，城市的人口规模分布就不会影响经济增长；但是，首位城市对城市群的经济增长影响巨大、过高的城市首位度会使首位城市发挥虹吸效应从而阻碍城市群的经济增长，而过低的城市首位度则使首位城市无法发挥集聚效应，不能通过增长极的经济增长带动整个城市群的经济增长。

7

积极推进城市群发展模式的政策建议

7.1 积极推进城市群发展模式的思路及原则

7.1.1 推进思路

城市群发展模式的推进应以我国的基本国情为出发点，遵循城镇化模式的发展机理，科学有序地推进城市群发展模式。积极推进城市群发展模式就是要建设、发展和优化城市群，以加速工业化进程为方向，推动工业化进程；以产业发展为中心，促进产业的转型与升级；以资本、人口等要素的合理流动为手段，促进城镇化的健康发展。在推进过程中，要通过产业的发展与融合促进城市的交流与合作，进一步促进城市群的发展；要通过资本、人口等要素的合理流动，促进城镇体系结构的优化以及城乡统筹发展；要通过机制创新，走人与自然协调发展的道路，建设生态文明。

7.1.2 推进原则

7.1.2.1 以促进产业发展为中心

城镇化是工业化的载体，城镇化模式的选择在于为工业化及产业发展提供一个优良的载体，以期更好地促进工业化进程以及产业发展。因此，积极推进城市群发展模式要以促进产业发展为中心指导思想，让城市群发展模式更好地服务于产业发展。这就要求在城市群建设过程中各类政策的制定、各种基础设施的建设以及各类资源的利用，要以产业的优化发展、产业链的培育与完善为出发点，使城市群作为一个整体形成极具竞争力的产业结构。

7.1.2.2 科学统筹，循序渐进

城市群发展模式是城镇化发展模式中的一种，其产生、发展与成熟遵循一定的规律。城市群作为一个系统，其内容涵盖了经济、社会以及生态等方方面面。在积极推进城市群发展模式过程中，应以城镇化模式的发展机理为主要依据，统筹城市群发展中的整体利益与局部利益、当前利益与长远利益，立足当下、放眼未来，以局部为突破口、整体为终极目标，分步骤、有计划、有重点地层层推进。

7.1.2.3 因地制宜，区别发展

我国作为发展中大国，各区域在自然禀赋、经济发展以及社会文化等方面都表现出巨大差异。因此城市群发展模式下不同城市群的建设与发展也应立足现实，根据自身的经济发展基础、自然资源禀赋以及社会文化的特点，准确定位、合理选择发展的目标与路径，从而形成极具竞争力的、特色鲜明的城市群。

7.1.2.4 社会、经济和生态效益相结合

城市群发展模式在以产业发展为中心的思想指导下，还要考虑社会效益与生态效益。国家富强、人民幸福是社会经

济发展的目的，生态文明建设是工业文明的下一个进程，是人类和自然协调发展的要求。坚持三个效益相结合就是要在致力于经济发展的同时，要将社会效益和生态效益融入经济建设的发展规划之中，当社会效益、生态效益与经济效益发生矛盾时，应综合权衡利弊，以整体利益最大化为准绳，决不能为了微小的经济效益放弃生态效益和社会效益。

7.1.2.5 政府积极干预

虽然城市群的产生与发展是经济发展的结果，但城市群发展模式的推进及其优化，离不开政府的积极干预。政府在城市群发展模式下要充分谨慎地利用权力，协调各城市群之间以城市群内部的竞争与协作，平衡各城市群及城镇之间的利益、产业布局和基础设施，协调公共服务，从而使各城市群及城市群内部避免过度竞争与重复建设，提高城市群之间以及城市群内部的信息流动速度，优化程序、提高效率，促进城市群以及城市群内部的分工合作以及良性竞争，从而使我国各个城市群都有鲜明特色与竞争力，实现城市群发展模式的优化与完善。

7.2 积极推进城市群发展模式的配套制度和政策

7.2.1 产业政策

产业发展是城镇化模式的基本动力，产业政策的制定与执行将对产业的发展产生深刻影响。在积极推动城市群发展模式时，适宜的产业政策将有力地促进城市群的建设与发展。

7.2.1.1 基本产业政策

（1）大力发展第三产业，特别是生产性服务业。由于我国已经进入后工业化时期，是从“工业主导”向“服务业主导”转型的关键时期，培育和发展第三产业，特别是生产性服务业成为当务之急。首先，应该为金融、保险、咨询、中介等生产性服务业的发展提供便利，确保其在法律框架内自由竞争。其次，应该为高新技术企业的研发提供政策便利，包括场地、税收以及金融优惠等一系列措施。最后，应提高各种生产及生活基础设施服务数量与质量，为城市群营造良好的硬件条件以吸引企业、吸引人才。

（2）优化升级第二产业。进入后工业化时期，不但要实现由“工业主导”向“服务业主导”的时代转型，而且要实现从“传统工业化”向“新型工业化”、由“工业与服务业双轮驱动”的经济向“服务业与工业双轮驱动”的经济转型。因此，在城市群建设的过程中，仍然不能忽略工业的发展，相反，应该让工业产业的优化升级成为未来建设发展的重点，产业政策的制定与实施也应有助于产业的优化、升级与转型。首先，应该为传统企业与高新技术的结合提供税收和金融等政策支持。其次，应该积极培育、引进新型制造业，为新型制造业的发展提供良好的硬件与软件环境。最后，应限制耗费高、技术含量低的企业和产业发展，不再为这些产业和企业的发展提供政策支持。

（3）强化农业的基础产业地位。农业是国民经济发展的基础，强大的农业不仅为工业化、城镇化提供原料，也是我国城镇化的缓冲剂。城市群发展模式同样应将农业的发展纳入其中。首先，应该提高农业产业的现代化水平，为高新农业产业的发展提供政策支持。其次，应该提高农业产业的质量标准，进一步提高农业产品的数量和质量，使我国农业更具国际竞争力。

（4）培育发展产业链。由于现代产业分工进一步细化，产业之间的联系也更加密切，产业链的培育和发展不仅能提高单个产业的生产力水平，而且能提升产业链所在城市群的竞争力。因此，城市群的建设与发展在考虑单个产业发展的同时应该关注产业链的培育与发展。首先，应该为产业链的培育与发展提供优良的政策环境与软件环境，包括为主导产业与上下游产业的信息、资本、和人力流通提供便利，为上下游产业的布局提供税收、土地以及金融等方面的优惠等。

7.2.1.2 区域化的产业政策

不同类型城市群以及相同类型城市群中的不同城市群都应本着因地制宜的原则，从实际出发，制定合适的产业政策。

（1）对于Ⅰ类城市群而言，建设世界级城市群是其定位，也是其目标。作为世界经济的影响者和我国经济的引领者，Ⅰ类城市群的产业发展应为我国先锋并处于世界前沿。在产业政策方面，Ⅰ类城市群首先应该注重高新技术产业的发展，为Ⅰ类城市群高新技术的科研转化提供政策扶持，为高新技术产业与企业的发展提供优良的自由竞争环境。其次，Ⅰ类城市群要为制造业的转型、现代制造业的发展提供政策支持。最后，Ⅰ类城市群应该引导传统制造业的改造与升级，对于高污染、高能耗的产业和企业，应有序引导其退出所在区域，甚至将其淘汰。

（2）对于Ⅱ类城市群而言，主要定位是提升开放竞争水平。Ⅱ类城市群的经济基础好，集聚了大量的重工业与轻工业，因此其产业政策在于更好地为重工业与轻工业的转型与升级服务，使区域内的产业更具竞争力。同时，Ⅱ类城市群的产业政策应注意引导和培育新型制造业，为产业类型的丰富、产业链的完善提供政策便利。

（3）对于Ⅲ类城市群而言，主要定位是发展壮大。Ⅲ类城市群具有一定的发展基础，城市群内的中心城市对整个城市群有较强的辐射能力，但其经济发展水平与产业发展水平相对较弱，产业之间的分工和合作还需进一步加强。Ⅲ类城市群的产业政策应着重于引进先进的现代制造业，为高新技术产业的研发提供政策便利，增强高新技术的科研转化能力，为城市群内以制造业为代表的各产业提供服务。

（4）Ⅳ类城市群的定位是规划引导其发展，使其成为支撑区域经济发展的增长极。Ⅳ类城市群无论是经济水平还是产业发展，都处于四类城市群中较落后的位置。虽然城市群内首位城市优势明显，但总体上并没能带动整个城市群的发展。因此Ⅳ类城市群的产业政策首先要倾向于提高中心城市的辐射能力，促进城市群内的产业发展，从而成为区域的增长极。其次，Ⅳ类城市群因为经济发展水平相对落后，其工业化进程也相对落后，承接其他类城市群的产业转移成为这类城市群的产业政策重点。最后，Ⅳ类城市群的产业发展同样应注意产业类型的选择，对于高污染、高能耗的产业与企业，应采取谨慎的态度，综合考虑社会、经济与生态效益，使综合效益最大化。

7.2.2 户籍制度与政策

户籍制度在我国的城镇化过程中扮演了重要角色：一方面它限制了人口的自由流动，一定程度上影响了我国工业产业的布局；另一方面它又在一定程度上避免了“大城市病”，为我国城市的健康发展、缓解公共资源配置不足的紧张局面做出了重要贡献。在推进新型城镇化的今天，“以人为本”“人的城镇化是核心”成为城镇化的核心议题，城镇化模式的选择也必然要“以人为本”，以促进“人的城镇化”为重要关注点。由于户籍制度与政策同人的城镇化直接相关，再加之城镇化模式必然影响包括人口在内的各要素的流动，在积极推进城市群发展模式时，合理的户籍制度与政策设计就显得十分必要了。

7.2.2.1户籍制度与政策应同就业挂钩

正如前文所言，从整体上来看，只要城市人口分布并非特别不均衡（我国城市人口分布整体处于合理阶段），城市人口的分布并不影响经济的增长。因此只要有稳定的就业，就应该允许新落户人员与城市原户籍人员享受同等待遇。当然，不同规模和级别的城市可根据自身实际情况对稳定就业进行认定。由于首位城市的大小将影响城市群经济的增长，加之特大城市和超大城市的人口膨胀将使城市环境进一步恶化，因此特大城市和超大城市在户籍制度改革方面应更加谨慎，落户政策也应更加严格。

7.2.2.2 户籍制度应与居所挂钩

人口的流动不但涉及劳动力的流动，还涉及劳动力家属的迁移。国民生活的幸福是社会经济发展的重要目标，其中家庭的团聚是国民生活幸福的重要衡量指标。因此，对于某些尚不具备劳动能力的未成年人以及丧失劳动能力的老年人，应该允许其与家庭劳动力一起流动。只要拥有合法和固定的居所，就应该同意其一起落户。当然，各城市群及城市在合法、固定居所的认定方面可根据具体情况进行规定。

7.2.2.3 户籍制度应与产业发展相配套

不同城市群的发展定位以及产业优势各不相同，而产业的发展离不开人，故而，各大城市群和城市在制定落户政策时，应优先倾向于有利于本城市群和城市产业发展的人群。如，以高新技术为主导的城市群和城市应鼓励高新技术人员落户，为其提供优惠政策；以制造业，特别是轻工业为主的城市群或城市则应为产业工人的落户提供便利。

7.2.3 社会保障制度与政策

完善的社会保障制度是人民安居乐业的保障，是社会发展的重要指标，也是城市和城市群发展的软件环境衡量标准之一。进一步完善我国社会保障制度能解决城镇化后的种种矛盾，是积极推进城市群长足发展的重要保障。

7.2.3.1 社会保障要做到同籍同基础权

对于同一城市的居民，只要拥有该城市的户籍，不管是老市民还是新市民，就该享有同等基础性权利。尤其是随着城市群的不断发展，更多的农村人口转移进入城市以后，相应的社会保障必须及时跟上、全面覆盖，让这部分转入人口真正成为市民，享受与老市民同样的身份和社会保障待遇，避免出现“伪城镇”“城中村”的现象，这样才能避免出现社会矛盾，更好地维持城市群内部的稳定发展。

7.2.3.2 差异化附加社保条款促进城市群内部和谐发展

考虑到不同区域经济发展水平可能差异较大的情况，尤其是有的沿海地区，同一城市不同区县相差甚远的现象存在，各城市在同籍同基础权的前提下，可允许不同区县制定差异化的附加社保条款，提高部分区县的人才吸引力，但应尽量消除同一城市群内的区域发展过度不平衡，使同一城市群内部趋向均衡、和谐发展。

7.2.3.3 逐步推进同一城市群的社会保障一体化

为鼓励城市群内部各要素自由流动，增强城市群本身的凝聚力与竞争力，建议逐渐推行同一城市群内部社会保障一体化。例如在医疗保障方面，不但要清除异地医保报销的障碍，而且应该进一步实现在同一城市群内部的同等城市、同级别医院的报销标准化、统一化。人口在同一城市群不同区域流动时，也应逐步实现包括五险一金在内的所有社会保障无缝转移与对接，住房公积金可在同一城市群内部通用。

7.2.4 土地制度与政策

土地作为城镇化的实物载体和一种特殊的生产要素，对依附于其上的其他生产要素的流动都会产生重要影响。我国新型城镇化以城市群发展模式为必然选择，要求土地城镇化与人口城镇化协调发展，以土地城镇化促进人口城镇化，改革完善土地制度是积极推进城市群发展模式的重要保障。

我国实行土地公有制度，根据土地所有权可分为国有土地和集体土地。《土地管理法》第二章第八条规定：“城市市区的土地属于国家所有。农村和城市郊区的土地，除由法律规定属于国家所有的以外，属于农民集体所有；宅基地和自留地、自留山，属于农民集体所有。”通过多年改革与发展，目前国有土地市场相对完善，政府通过土地一级市场采用“招拍挂”方式进行土地使用权出让，各经济主体可在土地二级市场进行土地使用权的转让、出租、抵押等，为我国城镇化的快速发展提供了基本生产要素和载体保障。但是国有土地十分稀缺，随着经济发展，土地供需缺口日益增大，在一定程度上成为城镇化进一步发展的障碍。而农村集体土地目前管制很严，限制较多，农村土地凝固僵化，市场缺失。尤其是随着城镇化和工业化的发展，越来越多的农村人口进入城镇务工，这就造成农村土地闲置浪费与城镇土地短缺紧张并存的矛盾局面。如果不改革完善农村土地制度，建立城乡统一的建设用地市场，势必阻绊我国城市群发展的进程与效率。

2013年11月，党的十八届三中全会报告《中共中央关于全面深化改革若干重大问题的决定》指出："经济体制改革是全面深化改革的重点，核心问题是处理好政府和市场的关系，使市场在资源配置中起决定性作用和更好地发挥政府作用。"同时提出："建立城乡统一的建设用地市场。在符合规划和用途管制前提下，允许农村集体经营性建设用地出让、租赁、入股，实行与国有土地同等入市、同权同价。"因此，在同地同权实践不断增多的背景下，各城市群在建设与发展的过程中应当根据自身情况，有计划、有步骤地推进国有土地与集体土地同地同权实践。在经济较发达、城镇化率较高的城市群，土地制度与政策应更倾向于严格各类土地利用规划的制定与实施，在合理规划土地用途的基础上使集约节约利用土地成为土地政策与制度的核心。在经济发展较落后、城镇化率较低的城市群，通过土地城镇化促进人口城镇化是重要议题，也是城市群发展建设的必然过程，各城市及城市群应该鼓励土地资产化，在符合各项规划的前提条件下，允许集体土地资产化，可盘活土地所有者与使用者的资产，使其拥有自由处置所有资产的权利。城市群的建设与发展要求各城市相互配合，在城市群的层面对土地利用规划、土地用途管制、土地一级市场以及二级市场的建立与完善进行协调与统一，通过土地资源的合理配置来有效促进城市群的结构优化，有效地促进资本与人口在城市群层面的有机结合与发展。

7.2.5 基础设施建设与管理制度和政策

基础设施是影响城镇化模式发展的乘数，城市群的建设和发展与基础设施的建设程度紧密相关。通过完善基础设施加强同一城市群内部各区域之间的连接，打通城市群之间的交流通道，加速城市群内部与城市群之间生产要素及产品与服务的交流与互动，提升城市群内部的各项功能，这样有助于增强城市群内部的凝聚力和对外吸引力。具体而言，基础设施的建设与管理主要表现在通过基础设施的规划、基础设施的建设与维护来影响城市群的发展。

7.2.5.1 基础设施规划是城市群发展规划的子系统

规划要有整体性、协调性、差异化和前瞻性。在全国范围内，要通过顶层设计，根据各大城市群的禀赋将各大城市群进行分工定位，并据此赋予差异化的基础设施规划指导。在城市群之间要有必要的基础设施建设规划将各节点进行有效连接，同时注意避免重复建设和浪费现象。在城市群内部，基础设施规划应立足本城市群，在中心城市布置大型基础设施，同时连接协调其他卫星城镇及其腹地，在促进城市群内联系的同时尽量节约集约利用资源。这要求各市在制定基础设施规划之前就相互协商、互相合作，以城市群的整体利益为出发点，根据基础设施现状、未来需求以及财政能力，制定城市群整体基础设施规划。

7.2.5.2 严格按照相关规划加快基础设施的建设

所有规划必须按时保质的落到实处才能真正发挥出有效的作用。城市群基础设施属于公共产品，具有很强的非竞争性、非排他性、难以分割性和外部性，并且一般需要耗费很大的人力、物力、财力和时间，因此需要由政府主导，各部门统筹协调，分工合作，并通过政府财政、民间投资、BOT（Build—Operate—Transfer）即建设—经营—转让、PPP（Public-Private Partnership）即政府和社会资本合作等各种方式保障资金投入。加强基础设施建设工程的监管，保质保量地完成工程建设。

7.2.5.3 做好基础设施的维护

基础设施在建设完成并交付使用以后，因为存在点多、面广的特点，很难做到一对一的全程监管维护。因此建议注意以下几点：首先，通过加强精神文明建设，向广大群众宣贯爱护爱惜公共产品的思想，促进养成全民珍惜资源的意识和习惯。其次，确立不定期巡视制度，对故意毁坏破坏公共设施的行为进行及时制止并予以相应的处罚。最后，建立定期维护制度，根据各公共设施产品的生命周期，分期进行全面与局部结合的检查，及时更新部分磨损严重的零部件，保持基础设施的顺畅运转。

7.3 本章小结

本章对积极推进城市群发展模式提出了政策建议。

首先，本章提出了积极推进城市群发展模式的推进思路及原则。城市群发展模式的推进应以我国的基本国情为出发点，遵循城镇化模式的发展机理，科学有序地推进城市群发展模式。城市群发展模式要遵循促进产业发展为中心的原则，科学统筹、循序渐进的原则，因地制度、区别发展的原则，社会、经济和生态效益相结合的原则，以及政府积极干预的原则。

其次，本章提出了积极推进城市群发展模式的配套制度和政策。包括产业政策、户籍制度与政策、社会保障制度与政策、土地制度与政策以及城乡基础设施建设与管理制度和政策。城市群的发展是一套整体系统，需要各种基础制度和政策进行协调促进，以保障城市群的健康、有序、高效与长足发展。

8

主要结论及研究展望

8.1 主要结论

本书对城镇化模式进行了理论分析、实证分析、对比分析与历史分析。得出以下结论:

8.1.1 城镇化模式的形成与发展遵循其特有的规律

现有城镇化模式的类型包括大城市发展模式、中等城市发展模式、小城市发展模式、小城镇发展模式以及城市群发展模式五种类型。这五种城镇化模式是在一定的驱动机理下形成的。其中，工业化是影响城镇化模式的根本原因，自然禀赋是影响城镇化模式的基础条件，社会经济制度是影响城镇化模式的关键因素，基础设施则是影响城镇化模式的乘数。四个驱动因素相互作用、缺一不可。城镇化模式将影响要素的流动、产业的转移与结构以及工业化进程。在城镇体系中，由于集聚效应和扩散效应，一般情况下，将形成大城市以第三产业为主，中等城市以制造业为主，小城市发展第二产业与第三产业，小城镇发展特色产业的产业结构。并且，不同的城镇化模式各有其优劣势，不同规模城镇所适合发展的产业类型也不相同，导致不同城镇化模式对工业化进程产生不同影响。其中，大城市发展模式、小城市发展模式以及小城镇发展模式在工业化初期可促进经济的发展，中等城市发展模式以及城市群发展模式有利于促进工业化中期的经济发展，大城市发展模式、小城市发展模式、小城镇发展模式以及城市群发展模式在工业化后期的表现各有所长。

8.1.2 城镇化的实现并不要求特定的城镇化模式

西方发达国家已经基本实现城镇化，其发展历程留给我们一些启示。如：无论哪种城镇化模式都可能实现城镇化，城镇化模式在发展过程中也不是一成不变的，可根据具体情形进行调整；城镇化模式必须与产业发展相适应，同时也是自然禀赋影响的结果；经济社会制度会影响城镇化模式，在市场主导下的政府调控可缓解甚至解决城镇化模式出现的问题甚至改变城镇化模式；无论哪种城镇化模式，都必须考虑基础设施的建设与完善，只有基础设施配套到位了，城市化模式才能顺利实施与推进。同时，巴西、印度等发展中国家的城镇化模式也警示着我国应审慎选择城镇化模式。

巴西在大城市发展模式下有着比西方发达国家更快的城镇化速度，但是也产生了过度城市化、贫民窟等问题。巴西的大城市发展模式是大城市集聚、来自农村的推力以及小城镇投资建设失败等因素综合的结果。

印度同样采用了大城市发展模式。但是，大城市发展模式下的印度城市化率非常低、城市化速度缓慢，且产生了诸如贫民窟、大城市过度发展等问题。印度的城镇化模式选择是各种原因综合的结果。首先，大城市在城市化开始之前就已经发展良好是其选择大城市发展模式的历史原因；其次，非均衡发展战略以及重工业化战略的选择是根本原因；此外，印度农村的土地制度、自由迁徙制度以及高生育率水平也进一步强化与巩固了大城市发展模式；最后，政府的政策与规划制定与执行能力不到位使大城市发展模式的改变变得愈发困难。

8.1.3 不同时期我国选择了不同的城镇化发展模式

从中华人民共和国成立以来，我国城镇化大致可分为三个阶段：改革开放以前、改革开放至20世纪90年代末以及20世纪90年代末至今。改革开放前的城镇化严重落后于工业化，这一时期虽然没有形成成熟的城镇化模式，但是总的来说大中城市的发展稍快于小城市，小城镇的发展全面萎缩，东中西部呈均衡发展格局。

改革开放至20世纪90年代末我国的城镇化模式有十分明显的特点：（1）从行政体系结构来看，各类行政级别的城镇发展迅速，小城镇发展尤其突出；（2）城市体系下大城市发展迅速，但是城镇体系下的小城镇发展更为迅猛，我国形成了小城镇发展模式；（3）从空间结构来看，东部地区为我国城镇化的重点区域。

20世纪90年代末至今，我国基本形成了大城市发展模式：（1）从数量结构来看，无论是城镇行政体系还是城市体系，大城市都占有绝对优势；（2）从空间结构来看，东部地区仍然是我国城镇化最完善的区域。此外，我国城镇化模式在发展过程中出现了城镇结构不协调、城乡发展不平衡以及人与自然关系不协调等问题。未来，促进城镇化健康发展、工业化进程发展、产业转型与升级是我国对城镇化模式的发展与选择的宏观要求。

8.1.4 积极推进城市群发展模式

我国要积极推进城市群发展模式的原因在于：（1）遵循城镇化模式的发展机理是我国应积极推进城市群发展模式的根本原因；（2）国外城镇化模式的经验为我国积极推进城市群发展模式提供了参考依据；（3）解决我国现有城镇化模式中存在的问题成为积极推进城市群发展模式的现实要求；（4）城市群发展模式能够满足社会经济发展对城镇化模式的宏观要求；（5）我国已经具备了积极推进城市群发展模式的客观条件和主观条件。所以，积极推进城市群发展模式成为我国城镇化模式的必然选择。

在城市群发展模式的发展与建设过程中，我国准备发展四类、19个城市群。这19个城市群的空间集聚特征表明，我国城市群的城市人口整体上分布较为均衡，但是有向非均衡发展的趋势：整体上，城市人口向首位城市集中的趋势有所减缓，城市人口分布趋向合理化，但是Ⅳ类城市群和Ⅲ类城市群的城市首位度都大于合理指数临界值，人口过度集中于首位城市。利用局部加权回归散点平滑法对我国城市群空间集聚与经济增长的关系进行的实证分析表明，我国城市群的基尼系数与经济增长没有显著的相关性，城市首位度则与经济增长有二次相关关系，且最优城市首位度值为1.6左右。

8.2 研究展望

首先，城镇化模式的内涵丰富，本书仅从城镇化进行过程中所形成的不同规模等级城镇及其之间的结构关系的角度对城镇化模式进行了分析，对城镇化模式的分析难免不够全面与完善，未来可根据城镇化模式的内涵，从其他角度对我国城镇化模式进行更加深入的分析。

其次，本书对我国城市群发展模式的分析以国家现有的规划、政策等为依据，虽然具有很强的现实意义，但缺乏对现有城市群划定范围的科学性论证，未来的研究应加强对现有城市群划定范围的科学性论证与分析。

最后，本书对城市群空间集聚特征与经济增长的关系进行了实证分析，但是仅仅分析了城市群空间结构与经济增长数量的关系，未涉及城市群空间结构与经济增长质量的关系，未来的研究应该再对城市群空间结构与经济增长质量的关系进行进一步分析。

参考文献

霍华德，2000. 明日的田园城市[M]. 金纪元，译. 北京：商务印书馆.

胡佛，1990. 区域经济学导论（中译本）[M]. 北京：商务印书馆.

安徽省统计局，国家统计局安徽调查总队，2016. 安徽统计年鉴2016 [M]. 北京：中国统计出版社.

北京市统计局，国家统计局北京调查总队. 统计数据[OL]. http://www.bjstats.gov.cn/tjsj/cysj/201511/t20151109_311727.html.

曹广忠，刘涛，2010. 中国省区城镇化的核心驱动力演变与过程模型[J]. 中国软科学，（9）.

陈国灿，2012. 中国城市化道路的历史透视和现实思考[J]. 江汉大学学报（社会科学版），（2）.

陈国亮，陈建军，2012. 产业关联、空间地理与二三产业共同集聚——来自中国212个城市的经验考察[J]. 管理世界，（4）.

陈浩，张京祥，周晓路，2012. 发展模式、供求机制与中国城市化的转轨[J]. 城市与区域规划研究，（2）.

陈金英，2016. 中国城市群空间结构及其对经济效率的影响研究[D]. 长春：东北师范大学.

程必定，2012. 区域的“城市性”与中国新型城市化道路[J].

浙江社会科学，（1）.

戴永安，张友祥，2017. 中国城市群内部与外围的效率差异及其影响因素——基于DEA模型的分析[J]. 当代经济研究，（1）.

段学慧，侯伟波，2012. 不能照搬“诺瑟姆曲线”来研究中国的城镇化问题[J]. 河北经贸大学学报，（4）.

方创琳，毛其智，倪鹏飞，2015. 中国城市群科学选择与分级发展的争鸣及探索[J]. 地理学报，（4）.

方创琳，宋吉涛，蔺雪芹，2010. 中国城市群可持续发展理论与实践[M]. 北京：科学出版社.

方创琳，鲍超，马海涛，2016. 2016中国城市群发展报告[M]. 北京：科学出版社.

方创琳，2009. 城市群空间范围识别标准的研究进展与基本判断[J]. 城市规划学刊，（3）.

方创琳，2011. 中国城市群形成发育的新格局及新趋向[J]. 地理科学，（9）.

方甲，1997. 产业结构问题研究[M]. 北京：中国人民大学出版社.

方兴起，2013. 新增长点：是农民变市民的城镇化还是产业创新[J]. 管理学刊，（4）.

费洪平，2017. 当前我国产业转型升级的方向及路径[J]. 宏观经济研究，（2）.

费孝通，2010. 中国城镇化道路[M]. 呼和浩特：内蒙古人民出版社.

福建省统计局，国家统计局福建调查总队，2016. 福建统计年鉴2016 [M]. 北京：中国统计出版社.

甘肃省统计局，国家统计局甘肃调查总队，2016. 甘肃统计年鉴2016 [M]. 北京：中国统计出版社.

高德地图. 2015年度中国主要城市交通分析报告[OL]. http://download-report.cn-hangzhou.oss-pub.aliyun-inc.com/download/2015年度中国主要城市交通分析报告-final.pdf.

高鸿鹰，武康平，2007. 集聚效应、集聚效率与城市规模分布变化[J]. 统计研究，（3）.

高鸿鹰，武康平，2007. 我国城市规模分布Pareto指数测算及影响因素分析[J]. 数量经济技术经济研究，（4）.

高佩义，1991. 中外城市化比较研究[M]. 天津：南开大学出版社.

高珮义，2004. 中外城市化比较研究[M]. 天津：南开大学出版社.

顾朝林，等，1999. 中国城市地理[M]. 北京：商务印书馆.

广东省统计局，国家统计局广东调查总队，2016. 广东统计年鉴2016 [M]. 北京：中国统计出版社.

郭少华，2014. 新型城镇化视域下农民现代化实现路径探析[J]. 中州学刊，（4）.

国家发展与改革委员会，住房城乡建设部. 北部湾城市群发展规划[OL]. http://www.ndrc.gov.cn/zcfb/zcfbghwb/201702/t20170216_838010.html.

国家发展与改革委员会. 国家新型城镇化规划（2014—2020年）[OL]. http://www.ndrc.gov.cn/fzgggz/fzgh/ghwb/gjjh/201404/t20140411_606659.html.

国家统计局，环境保护部，2016. 中国环境统计年鉴2016[M]. 北京：中国统计出版社.

国家统计局.数据查询[OL]. http://data.stats.gov.cn/.

国家统计局城市社会经济调查司，2016. 中国城市统计年鉴2016[M]. 北京：中国统计出版社.

国家统计局城市社会经济调查总队，2000. 中国城市统计年鉴1999[M]. 北京：中国统计出版社.

国家统计局工业交通统计司，2003. 中国工业经济统计年鉴·2003[M]. 北京：中国统计出版社.

国家统计局工业交通物资统计司，1985. 1949—1984中国工业的发展统计资料[M]. 北京：中国统计出版社.

国家统计局国民经济综合统计司，2010. 新中国六十年统计资料汇编[M]. 北京：中国统计出版社.

国家统计局人口和社会科技司，1999. 中国人口统计年鉴1999[M]. 北京：中国统计出版社.

国家统计局人口和社会科技统计司，劳动和社会保障部规划财务司，1999. 中国劳动统计年鉴1999[M]. 北京：中国统计出版社.

和夏冰，王媛，张宏伟，王文琴，王丽丽，2012. 我国行业水资源消耗的关联度分析 [J]. 中国环境科学，32（4）.

河南省统计局，国家统计局河南调查总队，2016. 河南统计年鉴2016 [M]. 北京：中国统计出版社.

格鲁伯，沃克，1993. 服务业的增长原因与影响[M]. 陈彪如，译. 上海：上海三联书店.

胡鞍钢，2017. 中国进入后工业化时代[J]. 北京交通大学学报（社会科学版），（1）.

黄金川，林浩曦，陈明，2017. 2000—2013年中国城市群经济绩效动态实证分析——基于DEA和Malmquist生产率指数法

[J]. 地理科学进展，（6）.
黄勤，曹汐，2016. 产业转型升级在新型城镇化进程中的作用[J]. 城市问题，（7）.
黄吓珠，2013. 中国城镇化与内需增长的互动关系——基于1978—2011年数据的VAR 模型分析[J]. 湖南农业大学学报（社会科学版），（5）.
简新华，何志扬，黄锟，2010. 中国城镇化与特色城镇化道路[M]. 济南：山东人民出版社.
简新华，1997. 论农村工业化与城市化的适度同步发展[J]. 经济学动态，（7）.
江西省统计局，国家统计局江西调查总队，2016. 江西统计年鉴2016 [M]. 北京：中国统计出版社.
焦秀奇，1987. 世界城市化发展的S型曲线[J]. 城市规划，（2）.
金碚，2013. 产业转移、结构升级的积极动向 [N]. 人民日报，2013-01-14.
凯恩斯，2013. 就业、利息和货币通论[M]. 北京：华夏出版社.
柯善咨，赵曜，2014. 产业结构、城市规模与中国城市生产率[J]. 经济研究，（4）.
克拉潘，1964. 现代英国经济史（上卷）[M]. 北京：商务印书馆.
李稻葵，2013. 政府与市场有机结合的城镇化——中国模式能否成器的关键之举[J]. 新财富，（2）.
李佳洺，张文忠，孙铁山，张爱平，2014. 中国城市群集聚特征与经济绩效[J]. 地理学报，（4）.

李克强，2012. 协调推进城镇化是实现现代化的重大战略选择[J]. 行政管理改革，（11）.

李璐颖，2013. 城市化率50%的拐点迷局——典型国家快速城市化阶段发展特征比较研究[J]. 城市规划学刊，（3）.

李培林，2012. 城市化与我国新成长阶段——我国城市化发展战略研究[J]. 江苏社会科学，（5）.

辽宁省统计局，国家统计局辽宁调查总队，2016. 辽宁统计年鉴2016 [M]. 北京：中国统计出版社.

林东华，2016. 基于DEA的中国城市群经济[J]. 北京理工大学学报（社会科学版），（6）.

林宏，2017. 世界都市圈发展的借鉴与启示[J]. 统计科学与实践，（1）.

刘传江，1999. 中国城市化的制度安排与创新[M]. 武汉：武汉大学出版社.

刘辉煌，刘小方，2008. 我国生产性服务业就业吸纳能力的实证分析[J]. 东北财经大学学报，（1）.

刘勇，2011. 中国城镇化发展的历程、问题和趋势[J]. 经济与管理研究，（3）.

刘振灵，2011.资源基础型城市群城镇体系规模结构的时空演变研究[J]. 资源科学，（6）.

刘志彪，于明超，2009. 从 GVC 走向 NVC 长三角一体化与产业升级 [J]. 学海，（5）.

马克思，2009. 资本论[M]. 郭大力，王亚南，译. 上海：上海三联书店.

托达罗，1999. 经济发展[M]. 黄卫平，彭刚，等译.北京：中国经济出版社.

苗洪亮，曾冰，张波，2016. 城市群的空间结构与经济效率：来自中国的经验证据[J]. 宁夏社会科学，（5）.

内蒙古统计局，2016. 2016内蒙古统计年鉴 [M]. 北京：中国统计出版社.

倪鹏飞，2008. 中国城市竞争力报告[M]. 北京：社会科学文献出版社.

倪鹏飞，2013. 新型城镇化的基本模式、具体路径与推进对策[J]. 江海学刊，（1）.

宁夏回族自治区统计局，国家统计局宁夏调查总队，2016. 宁夏统计年鉴2016 [M]. 北京：中国统计出版社.

钱纳里，赛尔昆，1988. 发展的形式1950—1970[M]. 李新华，徐公理，迟建平，译. 北京：经济科学出版社.

秦润新，2000. 农村城镇化理论与实践[M]. 北京：中国经济出版社.

青海省统计局，国家统计局青海调查总队，2016. 青海统计年鉴2016 [M]. 北京：中国统计出版社.

人民网. 中央经济工作会议在北京举行[OL]. http://politics.people.com.cn/n/2014/1212/c1024-26193058.html.

山东省统计局，国家统计局山东调查总队，2016. 山东统计年鉴2016 [M]. 北京：中国统计出版社.

山西省统计局，国家统计局山西调查总队，2016. 山西统计年鉴2016 [M]. 北京：中国统计出版社.

陕西省统计局，国家统计局陕西调查总队，2016. 陕西统计年鉴2016 [M]. 北京：中国统计出版社.

盛广耀，2012. 关于城市化模式的理论分析[J]. 江淮论坛，（1）.

施坚雅，2000. 中华帝国晚期的城市[M]. 叶光庭，等译. 北京：中华书局.

四川省统计局，国家统计局四川调查总队，2016. 四川统计年鉴2016 [M]. 北京：中国统计出版社.

宋家泰，1980.城市—区域与城市区域调查研究——城市发展的区域经济基础调查研究[J]. 地理学报，（4）.

苏飞，张平宇，2010.辽中南城市群城市规模分布演变特征[J]. 地理科学，（6）.

孙晓华，郭玉娇，2013. 产业集聚提高了城市生产率吗？——城市规模视角下的门限回归分析[J]. 财经研究，（2）.

汪冬梅，2003.中国城市化问题研究[D]. 泰安：山东农业大学.

王宏利，周斌，2011. 中国城市化放缓的过程及其应对措施[J]. 农村经济，（11）.

王克忠，周泽红，朱惠霖，2009. 论中国特色城镇化道路[M]. 上海：复旦大学出版社.

王素斋，2014. 科学发展观视角下中国新型城镇化发展模式研究[D]. 天津：南开大学.

王小鲁，夏小林，1999. 优化城市规模，推动经济增长[J]. 经济研究，（9）.

王莹莹，童玉芬，2015. 产业集聚与结构高度化对北京人口规模的影响：膨胀还是收敛？[J]. 人口学刊，（6）.

王振坡，张颖，翟婧彤，王丽艳，2016. 京津冀城市群城市规模分布演进机理研究[J]. 北京联合大学学报（人文社会科学版），（2）.

配第，1978. 政治算术[M]. 陈东野，译. 北京：商务印书馆.

魏守华，韩晨霞，2010. 城市等级与服务业发展——基于份额—偏离分析法[J]. 产业经济研究，（4）.

吴芳，张新锋，崔雪峰，2017. 中国水资源利用特征及未来趋势分析[J]. 长江科学院院报，（1）.

吴国平，武小琦，2014. 巴西城镇化进程及其启示[M]. 拉丁美洲研究，（2）.

吴良镛，吴唯佳，武廷海，2003. 论世界与中国城市化的大趋势和江苏省城市化道路[J]. 科技导报，（9）.

吴晓华，孟祥云，彭建强，2016. 河北经济年鉴2016（总第32卷）[M]. 北京：中国统计出版社.

武廷海，张城国，张能，徐斌，2012. 中国快速城镇化的资本逻辑及其走向[J]. 城市与区域规划研究，（2）.

库兹涅茨，2015. 各国的经济增长：总产值和生产结构[M]. 常勋，等译. 北京：商务印书馆.

项继权，2011. 城镇化的“中国问题”及其解决之道[J]. 华中师范大学学报（人文社会科学版），（1）.

谢小平，王贤彬，2012. 城市规模分布演进与经济增长[J]. 南方经济，（6）.

新疆维吾尔自治区统计局，2016. 新疆统计年鉴2016 [M]. 北京：中国统计出版社.

许抄军，2008. 基于可持续城市化的我国城市规模、体系及实现机制研究[D]. 长沙：湖南大学.

许庆明，胡晨光，刘道学，2015. 城市群人口集聚梯度与产业结构优化升级——中国长三角地区与日本、韩国的比较[J]. 中国人口科学，（1）.

斯密，2010. 国富论[M]. 北京：中央编译出版社.

杨艳琳，张恒，2015. 全球视角下服务业与城市化互动关系研究——基于22个国家1960—2013年面板数据的实证分析[J]. 中国人口·资源与环境，（11）.

姚士谋，汤茂林，李昌峰，朱英明，管驰明，1999. 中国城市与区域发展相互关系的多层面研究[J]. 地理科学进展，（3）.

殷广卫，薄文广，2011. 基于县级城市的城乡一体化是我国城市化道路的一种政策选择[J]. 中国软科学，（8）.

于建嵘，2013. 新型城镇化：权力驱动还是权利主导[J]. 探索与争鸣，（9）.

余宇莹，余宇新，2012. 中国地级城市规模分布与集聚效应实证研究[J]. 城市问题，（7）.

俞金尧，2011. 20世纪发展中国家城市化历史反思——以拉丁美洲和印度为主要对象的分析[J]. 世界历史，（3）.

原倩，2016. 城市群是否能够促进城市发展[J].世界经济，（9）.

云南省统计局，国家统计局云南调查总队，2016. 云南统计年鉴2016 [M]. 北京：中国统计出版社.

张鸿雁，2010. 中国城市化理论的反思与重构[J]. 城市问题，（12）.

张明斗，王雅莉，李继胜，2011. 均衡型城市化：模式、动因及发展策略[J]. 兰州商学院学报，（6）.

张培刚，2001. 发展经济学教程[M]. 北京：经济科学出版社.

张培刚，2009. 发展经济学[M]. 北京：北京大学出版社.

张小飞，郑小梅，2012. 城市化进程中城乡文化的冲突与融合

[J]. 人民论坛，（9）.

张晓兰，朱秋，2013. 东京都市圈演化与发展机制研究[J]. 现代日本经济，（2）.

张颖，2000. 统计学中回归分析及相关内容的教改思考——兼介绍LOESS回归[J]. 统计与信息论坛，（2）.

张宗益，周靖祥，2011. 谋求中国城乡失衡的破解思路：发展农村经济——来自1978—2008年的证据[J]. 南京大学学报（哲学·人文科学·社会科学），（5）.

浙江省统计局，国家统计局浙江调查总队，2016. 浙江统计年鉴2016 [M]. 北京：中国统计出版社.

浙江省统计局. 2015年浙江省1%人口抽样调查主要数据公报[OL]. http://tjj.zj.gov.cn/tjgb/rkcydcgb/201601/t20160128_168706.html.

中、日经济专家合作编辑，1982. 现代日本经济事典[M]. 北京：中国社会科学出版社.

中共中央马克思恩格斯列宁斯大林著作编译局，1995. 马克思恩格斯选集[M]. 北京：人民出版社.

中共中央马克思恩格斯列宁斯大林著作编译局，1998. 马克思恩格斯全集[M]. 北京：人民出版社.

中共中央马克思恩格斯列宁斯大林著作编译局，2009. 马克思恩格斯文集[M]. 北京：人民出版社.

中国共产党第十八届中央委员会. 中国共产党第十八届中央委员会第三次全体会议公报[OL]. http://cpc.people.com.cn/n/2013/1112/c64094-23519137.html.

中国国家发展计划委员会地区经济司，2001. 城市化：中国现代化的主旋律[M]. 长沙：湖南人民出版社.

中国社会科学院经济研究所，2005. 现代经济辞典[M]. 南京：凤凰出版社.

中国中小城市网. 2016年度中国建制镇综合实力前1000强（全国科学发展千强镇）[OL]. http://www.csmcity.com/luntan/bbs2016/2015-6.html.

中华人民共和国国家发展和改革委员会发展规划司. 中国今年将规划中原和北部湾两城市群共19个[OL]. http://ghs.ndrc.gov.cn/zttp/xxczhjs/ghzc/201608/t20160803_813978.html.

中华人民共和国国土资源部. 2016中国国土资源公报[OL]. http://www.mlr.gov.cn/sjpd/gtzygb/.

重庆市统计局，国家统计局重庆调查总队，2016. 重庆统计年鉴2016 [M]. 北京：中国统计出版社.

周加来，2001. 城市化·城镇化·农村城市化·城乡一体化——城市化概念辨析[J]. 中国农村经济，（5）.

周伟林，2012. 中国城市化：内生机制和深层挑战[J]. 城市发展研究，（11）.

周一星，1995. 城市地理学[M]. 北京：商务印书馆.

朱江丽，2013. 开放经济视角下产业集聚与城市规模增长——基于长三角城市的实证分析[J]. 南大商学评论，（1）.

朱铁臻，2000. 城市化是新世纪中国经济高增长的强大动力[J]. 经济界，（1）.

朱选功，2000. 城市化与小城镇建设的利弊分析[J]. 理论导刊，（4）.

住房和城乡建设部. 2015年城乡建设统计公报[OL]. http://www.mohurd.gov.cn/xytj/tjzljsxytjgb/tjxxtjgb/201607/t20160713_228085.html.

住房和城乡建设部. 2015年城乡建设统计年鉴[OL]. http://www.mohurd.gov.cn/xytj/tjzljsxytjgb/ .

CHENERY H, TAYLOR L, 1968. Development Patterns: Among Countries and Over Time [J]. *Review of Economics and Statistics*, 50(4).

DURANTON G, 2009. Are Cities Engines of Growth and Prosperity for Developing Countries [J]. *Urbanization and Growth*.

FAY M, OPAL C, 2000. Urbanization without Growth [R]. World Bank policy research working paper, (2412).

FERNANDES CA, NEGREIROS R, 2001. Economics Developmentism and Change with the Brazilian Urban System [J]. *Geoforum*, 32(4).

FUJITA M, KRUGMAN PR, VENABLES AJ, 1990.*The Spatial Economy, Cities, Region and International Trade* [M]. London: The MIT Press.

HENDERSON ACV., 2006. Are Chinese Cities Too Small [J]. *Review of Economic Studies*, (2).

HENDERSON JV, 2002. Urban Primacy, External Costs, and Quality of Life [J]. *Resource and Energy Economics*, (24).

HENDERSON JV, 2005. Urbanization and Growth [J]. *Handbook of Economic Growth*.

HENDERSON JV,2003. The Urbanization Process and Economic Growth: The So-What question [J]. *Journal of Economic Growth*, (1).

HENDERSON JV, SHALIZ Z, VENABLES A, 2001.

Geography and Development [J]. *Journal of Economic Geography*, (1).

KAUSHAL G, 1979. *Economic History of India, 1757-1966* [M]. New Delhi: Kalyani Publishers.

KIRKBY RJR, 1985. *Urbanization in China: Town and Country in a Developing Economy 1949–2000 AD* [M]. New York: Columbia University Press.

LAHMEYER J. UNITED STATES OF AMERICA Historical Demographical Data of the Urban Centers [OL]. http://www.populstat.info/.

LAURENCE JC MA, 1976. Anti-urbanism in China [J]. *Proceedings of the Association of American Geographers*, (8).

NITSEHV, 2005. Zipf Zipped [J]. *Journal of Urban Economics*, (1).

NORTHAM RM, 1975. *Urban Geography* [M]. New York: John Wiley & Sons.

RAINS G, FEI JCH, 1961. A Theory of Economic Development [J]. *American Economic Review*, (4).

REGION CT, 1990. *Inequality and Spatial Policy in China* [M]. TLondon: Routledge.

SINGLEMANN J, 1978. The Sectoral Transformation of the Labor Force in Seven Industrialized Countries: 1920– 1970[J]. *American Journal of Sociology*,(5).

Statistical Research and Training Institute, Ministry of Internal Affairs and Communications, Japan, 2010. *Statistical*

Handbook of Japan, Year 2010 [M]. Tokyo: Statistics Bureau, Ministry of Internal Affairs and Communications.

Statistics Bureau, Ministry of Internal Affairs and Communications, Japan, 2016. *Statistical Handbook of Japan, Year 2016* [M]. Tokyo: Statistics Bureau, Ministry of Internal Affairs and Communications, Japan.

Statistics Japan. Historical Statistics of Japan [OL]. http://www.stat.go.jp/english/data/chouki/index.htm.

United Nations, Department of Economic and Social Affairs, Population Division (2014)[R]. World Urbanization Prospects: The 2014 Revision, CD-ROM Edition.

WHEATON WC, SHISHIDO H, 1981. Agglomeration Economies, and Level of Economic Development [J]. *Economic Development and Cultural Change*, (1).

WILLIAM S, 1979. Cleveland. Robust Locally Weighted Regression and Smoothing Scatterplots [J]. *Journal of the American Statistical Association*, (368).